特別支援が必要な子どもの高等学校進学の話

義務教育9学年を
すべて担任した
学校心理士
スーパーバイザーが
語る

学校心理士スーパーバイザー
山内康彦

WAVE出版

はじめに

先日、私の学院（グロー高等学院／明蓬館高等学校ＳＮＥＣ愛知・江南）に年長のお子さんをもつ保護者の方が見えました。市の教育委員会の判定で「特別支援学級（知的）の判定」が出たそうです。田中ビネーによる知能検査の結果ＩＱは六三。自閉スペクトラム症で、療育手帳（知的に課題がある障害者手帳）も取得されています。

言葉の遅れと集団生活・一斉指示にも課題のあるお子さんです。

幼稚園の園長先生からも特別支援学級を勧められ、お母さんとしても通常のクラスでは難しいであろうことはわかっていました。

しかし、祖父母と父親が猛反対。理由は「特殊学級（特別支援学級）に行ったら、勉強が遅れて高校に行けなくなってしまう」「みんなと同じように高校に進学させてやりたい」というものでした。お母さんが風の噂で、「特別支援学級や不登校の子どもたちを受け入れる専門の高校がある」と聞き、私の学院を訪ねて来たのです。

公認心理師、学校心理士ＳＶ（スーパーバイザー）、養護教諭（保健室の先生）に加え、特別支援学校免許（養護学校免許）を取得している専門の教員が複数在籍していること、さらに少人数・個別の学習中心の授業スタイル、そして普通の高校と同様・同等な卒業証書、そして制服を見て、「この高校なら我が子も通える！」と確信したお母さんは、その日の夕方に父親と祖父母を連れて、再度見学に来られました。

明蓬館高等学校の制服（希望者）

明蓬卒9610号

卒業証書

グロー太郎

平成9年6月10日生

本校において高等学校の課程を卒業したことを証します

平成9年6月10日

川崎特区 明蓬館高等学校

校長 日野公三

明蓬館高等学校の卒業証書

そして、「特別支援学級から進学できる高校がある」という将来の見通しがもてた祖父母と父親は、「こんな素晴らしい学校が近くにあるなら、将来通わせたい。小学校入学時は特別支援学級でよいのではないか」となったのです。

特別支援が必要な子どもは、決してできない子どもではありません。「定型発達の子どもに比べて、身につくのに時間がかかる」だけです。だからこそ、将来の見通しをもち、早期からの適切な療育を家庭と関係機関が連携・協力していく必要があるのです。

通信制高校であっても、定時制高校であっても「○○高等学校卒業」という証書さえあれば、履歴書にはその下に「△△中学校卒業」「□□小学校卒業」と書くだけで、〝△△中学校支援学級卒業〟〝□□小学校不登校卒業〟とは書きません。

つまり、通常の学級、普通の高校を卒業した子どもたちと何も変わらないのです。

本書を通して、特別支援が必要な子どもたちの進路選択がより広いものになることを願っています。

第2章　なぜ高等学校卒業なのか

第4章　通信制サポート高校の実践例

終章　一八歳以降の出口を見すえて、これから何をするとよいのか　133

巻末資料

序章

不登校を含めた
特別支援教育の現状と課題

特別支援が必要な子どもたちは増加している

二〇二二年、文部科学省は小中の通常の学級において、八・八%の発達障害の子どもたちがいると公表（※1）しました。これは一〇年に一回調査しており、二〇〇二年に行なわれた初めての調査では六・三%、二〇一二年の調査では六・五%となっていますから、最近一〇年間で発達障害のある子どもの人数は大幅に増加したわけです。

さらに、不登校の状況（※2）では、小学校で二〇一八年は〇・七%だったのが二〇二二年には一・七%に、中学校では二〇一八年で三・七%だったのが二〇二二年には六・〇%へと増加しています。つまり、小学校で五九人に一人、中学校では一七人に一人ぐらいの割合で

※1 出所：文部科学省「令和四年一二月一三日 通常の学級に在籍する特別な教育的支援を必要とする児童生徒に関する調査結果について」

■文部科学省「平成二四年一二月五日 通常の学級に在籍する発達障害の可能性のある特別な教育的支援を必要とする児童生徒に関する調査結果について」

■文部科学省「二〇〇二年二月〜三月 通常の学級に在籍する特別な教育的支援を必要とする児童生徒に関する全国実態調査 調査結果」

※2 出所：文部科学省「令和四年度児童生徒の問題行動・不登校等生徒指導上の諸課題に関する調査 結果の概要」

不登校児童生徒数の推移

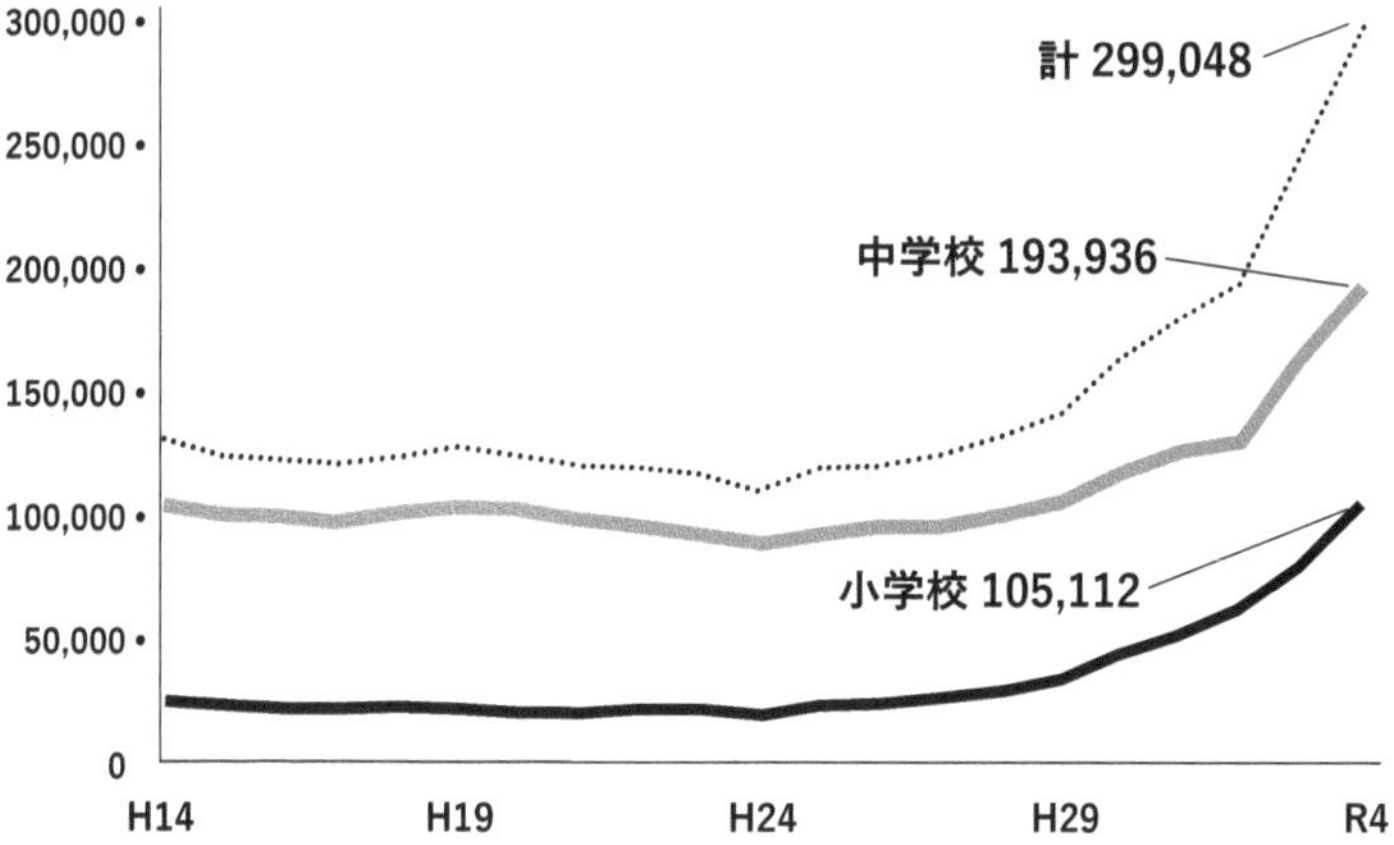

出典：文部科学省「令和4年度 児童生徒の問題行動・不登校等生徒指導上の諸課題に関する調査結果の概要」より抜粋

暴力行為発生件数の推移

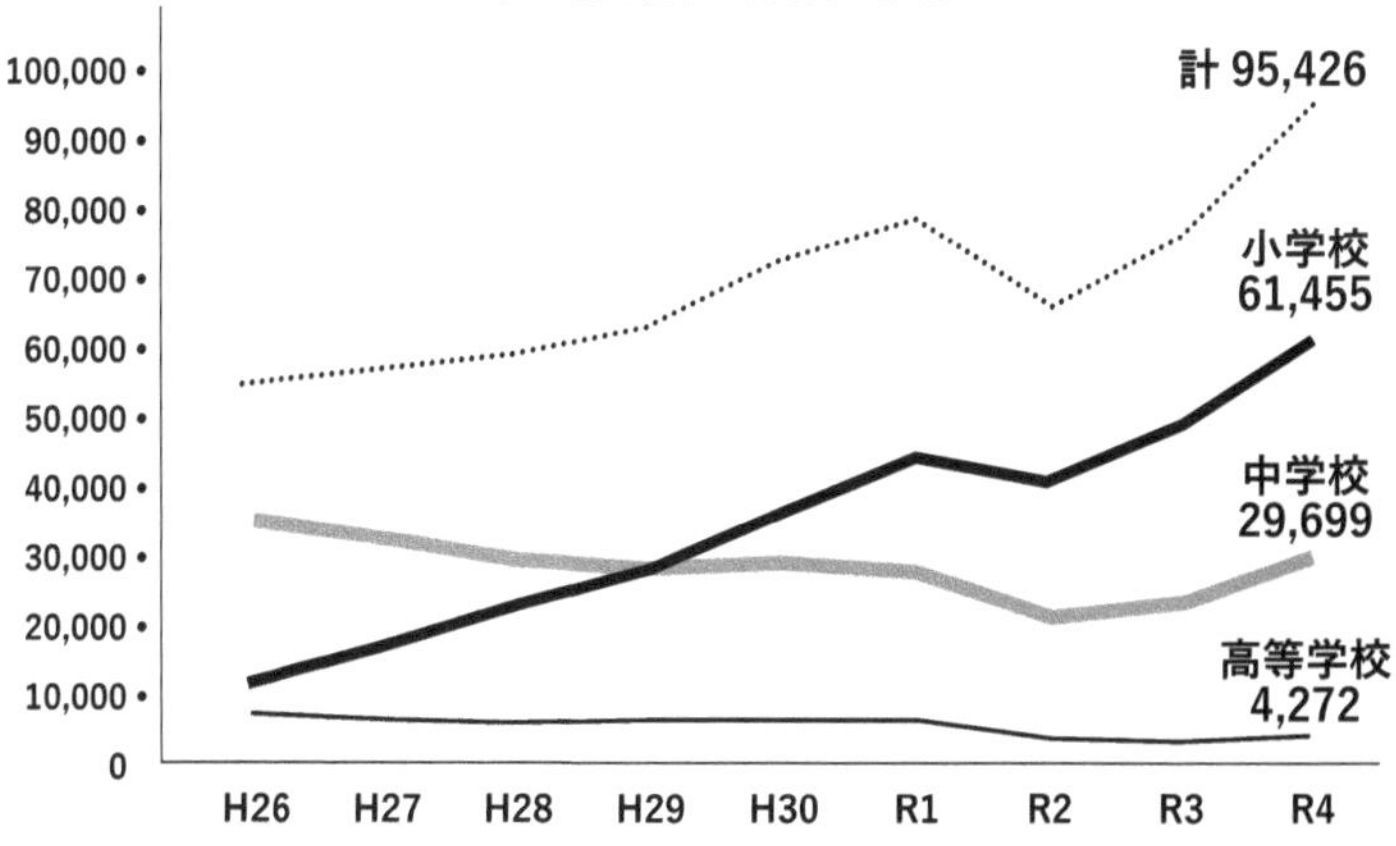

出典：文部科学省「令和4年度 児童生徒の問題行動・不登校等生徒指導上の諸課題に関する調査結果の概要」より抜粋

不登校になっているわけです。

文部科学省が同じ調査で公表している次のグラフを見ても不登校になっている児童・生徒の数が二〇一七（平成二九）年頃を境に急激に増加していることが見て取れます。

そして、驚くべきことに、学校内の暴力行為の発生件数もこの一〇年間で大幅に増えています。

中学校の不登校が一七人に一人と言っていますが、問題なのは、これは学校に全く来ない、完全な不登校の生徒の数値であって、保健室登校や朝だけ、夕方だけ学校に来る子どもはその人数に入っていません。

先日、ある中学校三年生の先生に話を聞いたところ、一クラス三五人のうち、六人が教室にいつもいないそうです。

うち二人は完全な不登校の生徒です。

それ以外の四人のうち、二人は学校に来ると毎日保健室へ行くそうです。

一人は朝、校門で校長先生とハイタッチすると家へ帰ってしまう。

残る一人は夕方、お母さんの車に乗って来て、車の中から手を出してその日のプリントを受け取ったら帰ってしまう。

ところが、この四人は登校したことになる。

義務教育では、校門をくぐったらたとえ一秒間でも「登校」になるんです。仮に校門をくぐらなかったとしても、たとえば、教育委員会がやっている「不適応教室」のような場所が教育委員会や公民館のようなところにあって。この教育委員会が認めた場所に行くだけで登校扱いにしてもらえます。

でも、皆さんご存じの通り、これは義務教育までの話です。

高校へ行ったら、それは認めてもらえません。

登校しても保健室に行ってしまった生徒は、授業に出席したことになりません。朝だけ登校しても、夕方だけプリントを取りに来ても当然、授業に出席したことにならない。高校と大学は年間の授業数の三分の二以上出席することが、単位認定の最低要件になっているのです。

ちなみに、あの有名な棋士の藤井聡太さんが高校を中退したのも、成績が悪かったのではなく、プロとしての活動で出席が足りなかったからなのですね。

小・中学生の間は朝だけ登校でも、保健室にずっと行っていても出席扱いになるのですが、中学を出た後ではそれが通用しない。特に普通の高等学校では、出席日数が足りなくて進級できないという問題になってしまう。

こうして、不登校の子や教室に居続けられない子どもは、義務教育卒業後の行き場をなくしているのです。

特別支援が必要な子というのは、支援学級の子どもだけではありません。

不登校や引きこもりの子も対象になっていることを認識してほしいと思います。

特別支援の専門家として実践を積んできたが……

私は養護学校・支援学校の免許を取るために一八歳から大学の教育学部で学び、二二歳で教員になった時には、特別支援の専門性を兼ね備えた教員として教壇に立っていました。

私はほとんど通常の学校に勤務してきましたが、本来なら自立して生きて行ける力があるにもかかわらず、自宅に引きこもってしまったり、ニートになったりしてしまう子を目にしてきました。

その子の身体的、精神的な困難が大きい場合ならまだわかります。

「将来、自立して生きて行けるようになってほしい」という保護者の切なる願いとは裏腹に、実際にはたくさんの教え子が就労できず、社会にも出られずにいます。経済的にも精神的にも不安定な成人。そんな世界を生きている教え子がたくさんいるのですね。

二〇二二年に内閣府が行った調査（※3）では、一八歳から六九歳までの「引きこもり」は一四六万人と推計されています。

国立社会保障・人口問題研究所の年齢別総人口によれば、二〇二一年時点での一八～六九歳の人口が約七九三七万人ですから、約五四人に一人の割合で引きこもり状態ということになります。

少子高齢化が進む日本の中で、このように特別支援が必要な子どもたちに対する支援は社会的にも重要な課題となってきています。

「中学卒」「高校卒」「特別支援学校高等部卒」の三種類の出口

現在、子どもたちが一五歳になった時には「中学卒」「高校卒」「特別支援学校高等部卒」

※3　出所：内閣府「こども・若者の意識と生活に関する調査報告書 令和五年三月」

の三種類の出口があります。

ですが、中学卒業後の進路の一つになる特別支援学校高等部は原則、高校卒業資格がありません（このことも半数の保護者が知りません）。

なぜなら、高校卒資格は、現代国語や数学Iなど高校の学習を修了した人に与えられるものであって、職業訓練や自立訓練をしている支援学校には、高校卒業資格は原則ついていないのですね。

ただし、肢体不自由や病弱、盲学校、ろう学校のように知的に遅れのない子たちに対しては、普通の高校の学習が進められる、稀なケースもあります。

ただ、知的に障害のある多くのお子さんが通う支援学校高等部にはこの高校卒資格がなく、学歴は高卒にはならないということをまず知っていただきたいと思います。

私、山内は現在、五六歳です。私が中学を卒業した時、高校に進学しなかった同級生が三人いました。

一人は家業を継ぎました。もう一人は准看護師になるために医療現場で働きながら資格を取るために看護学校へ行きました。もう一人はバイクを乗り回すような、いわゆる不良で就職したかはどうかわかりません。

では、今、高校に進学しなかった子どもたちのうち、中学卒業後、すぐ働く子はどれくらいいるのでしょうか。

二〇二二（令和四）年の文部科学省の学校基本調査年次統計によれば、通信制高校などを含む高等学校への進学率は九八・八％。同調査の「卒業者に占める就職者の割合」を見ると、二〇二二年の中学校卒業生のうち就職した人は〇・一％。約一〇〇〇人に一人に過ぎません。

一つの中学校の卒業生の中に一人いるかいないか、という割合なのですね。

つまり、今、中学卒業後の進路は、高校へ行くか、支援学校高等部へ行くか、このどちらかになる。現実、中学卒で働くということが非常に厳しい世の中になってきていることをご承知おきください。

特別支援学校高等部を卒業しても多くの子は就労が難しい

三歳児検診に行った保護者が、保健センターの保健師さんから「障害者手帳を取得すれば、将来、障害者就労ができますよ」とか、子どもが通う学校の先生から「障害者手帳を取得して特別支援学校に行ったほうが、確実に就労できますよ」と言われたという話をよく耳にします。

しかし、少し前のデータですが、文部科学省の「卒業者の進路状況（二〇一八＝平成三〇年三月卒業者）」を見ると、全国の特別支援学校高等部を卒業して就労できているのは、約三割。しかも卒業者の約六割は社会福祉施設で、ほとんどが一ヵ月数万円の給料のB型作業所という状況です。

皆さん、これで将来、お子さんが自立して生きていけると思いますか？

私は、年間一五〇回を超える講演会をやっていますが、ほとんどの保護者は月に一〇万円ぐらいの給料が欲しいとおっしゃいます。

なぜか。

実は、二〇歳を過ぎると障害年金がもらえるのですね。

障がいの重さ、等級によって年金額に違いはあるのですが、安くても六、七万円の障害基礎年金が毎月受け取れるといわれています。

つまり、一〇万円の給料に六、七万円の障害年金。一か月に一六、一七万円あれば、ちょっとした一人暮らしにスマートフォン、回転ずしやディズニーランドに遊びに行ける。そんな生活も見えてきますね。

では、特別支援学校を卒業して、一〇万円以上の給料がもらえるのはどれくらいの人か皆さん、ご存じですか？

五％程度です。

これが現実なのですね。

特別支援学校へ行って自立した就労ができて、お金がもらえるなら何の問題もない。

ところが、特別支援学校に行っても、しっかりと賃金がもらえる就労は難しい。

これが現状なのです。

「高校ぐらいは卒業させたい」と思う本人と保護者

このように、特別支援学校を出たからといって確実に働ける保証はありません。

さらに、現在はほとんどの人が高校卒資格をもっていますので、自分の子どもにも「高校ぐらいは卒業させたい」と思う保護者が急増しています。

とはいえ、普通の高等学校を卒業するためには、次の三つのことが大きな問題になってきます。

①不登校は欠席。一定の割合で教室の授業に参加しなければいけない

一般的に普通の高校を卒業するには、三分の二以上、授業に出席しなければなりません。保健室登校や、夕方登校は出席として認められません。

②「数Ⅰ」や「現代国語」など、決められた教科の単位を取得する必要がある

普通の高校は、中学三年生の勉強ができたものとして授業がスタートします。ところが特別支援学級の子どもたちというのは学習が遅れています。つまり、特別支援学級や不登校の子たちは、普通の高校の学習についていけない。しかも高校は、一定の点数を取らないと赤点、留年になってしまいます。入学することはできても、進級することができないのですね。

③四〇人の生徒に一人の教師、個別や少人数指導はない。支援員もいない

中学までは三五人といわれるクラスの人数が、高校からは最大四〇人になります。

つまり、中学以上に手薄になります。そこに教師はたった一人。個別や少人数指導がないばかりか、支援員やサポーターもいません。

私の教え子が高校の先生にこう話したそうです。

「先生、わかりません。教えてください」

先生はこう答えたそうです。

「塾へ行ったらどうだ」

「え、どうしてですか？」

「だってほかの子はみんなわかっている。私の授業で『わからない』と言っているのは君一人だ。私の教え方は悪くない。だから理解できないならば塾へ行け」

なんて、言われたそうですよ。

そうなのです。高校は義務教育ではありません。中学に比べて、支援がどんどん手薄になっていくのですね。

こんな話があります。

支援の手厚さは、幼稚園から小学校に上がると一〇分の一に減ります。

小学から中学でまた一〇分の一、中学から高校でさらに一〇分の一に減る。

つまり、加配（加配保育士のこと）がついた幼稚園の頃に比べて、普通の高校の授業では一〇〇〇分の一の支援しか受けられない。これが現状なのですね。

「高校ぐらいは卒業させたい」と思っていても、義務教育ではない高校を卒業するためには、それなりの力を身につけて上の学年に上げていく必要があるのです。そして、準備が大切になってくるのです。

第1章

たくさんの方が
将来の進路について悩んでいる

先生が三年先、五年先のことを教えてくれない理由

先生が子どもの将来について教えてくれない。

これには大きく二つの理由があります。

一つは責任がもてないから。そして未経験のことはよく知らないからです。

まず、先生自身が「先の学年のこと、進学後のことを知らない」ことが挙げられます。

これはかつて、私自身もそうでした。

私は小学校勤務を終えた後、中学校へ異動してびっくりしました。

中学三年生を担任して初めて「こんなふうに成績をつけて、高校入試の書類を提出するのか」「高校とこんなやり取りをするのか」と。

「進学の評価」と「実務の実態」を初めて知った。

小学校の一年生を担任した時もそうでした。

実際に新入生の担任になって初めて、幼稚園や保育園との引継ぎが十分に行なわれていないことや「障害や課題のある子が、そのことを隠してそのまま入学してくる」という実態が

わかったのです。

これは極端な言い方かもしれませんが〝経験は重要〟です。小学校一年生の担任未経験、中学三年生の担任未経験。もっと言えば、中学校の先生未経験で、小学校勤務だけで終わってしまう先生も何人かいるわけです。

例えるなら、会社勤めの経験のない人が、その会社組織で働くことの大変さや実務をよく理解できないようなもの。

中学校三年の受験生を担任したことのない先生に「どのように高校入試が進んでいくのか」と聞いても、実際よくわからないのです。

もちろん、先生たちはお互いに連携して情報を共有していますから、ある程度のことは知っています。

しかし、進学に際してどのような書類をつくり、どの時期からどのような対策が必要になってくるのか。これは、出口になる中学三年生の担任を経験した先生でないとわからないわけですね。

ですから、皆さん、想像してみてください。

今、小学校一年生を担任している先生の中で、中学三年生を担任したことのある先生が何人いると思いますか。

多分、一〇人に一人もいないと思います。

つまり、小学校一年生の先生に「将来、うちの子どもは高校に行けますか」と聞いても答えが出せない。おわかりいただけますでしょうか。

責任がもてない

また、学校の先生の多くは、毎年担任が変わります。

特別支援学校であっても、毎年担任が変わるのが基本になっています。

中には数年間担任を継続する場合もありますが、今はできるだけ多くの先生に特別支援学級を経験させたいという配慮から、毎年担任を変える学校も増えてきています。

はっきり申し上げます。

先生たちは、本当に一生懸命頑張っています。

一年一年、その子がしっかり成長するように、本当に心を込め、命をかけて教育しています。

さぼっている先生なんていません。

でも、年度末の三月で、一生懸命育てた子どもたちと離れなければなりません。そう、担任する子どもたちが変わる。もしかしたら、人事異動で違う学校へ転勤するかもしれない。

そういう条件の中で、一年一年を頑張るのが先生の仕事なのです。

ですから、中長期的な見通し、三年後や五年後の進学後のことを聞かれても、それはわからない。その子にかかわれる保証がない以上、責任が取れないのです。

すると、どうしても先生方は「今が大事。お母さん、そんな先々のことよりこの一年が大事」となりますよね。

小学校一年生の担任の先生が、一年生の子どもの保護者から「うちの子は通常の学級に戻れますか？」と聞かれたとしても、ほとんどの先生方はこう言うでしょう。

「まずは学校に慣れること。お母さん、まずは学校に慣れることから頑張りましょう」

こうした答えになってしまうのは、仕方のないことなのですね。

先生が「この高校がよい」と明確な進路指導をしない理由

本書を読んでいる先生方やお父さん、お母さん、自分が中学生だった頃を思い出してみてください。

たぶん、三者懇談や進路指導で「君にこの高校は難しいぞ。こっちの高校に進路変更したらどうだ」とか「その高校にチャレンジするなら、滑り止めでこの高校を受けておいたほうがいいよ」など、中学の先生から具体的なアドバイスを受けたのではないでしょうか。

今、中学校ではこのような指導はしません。

三者懇談などで「どの学校がいいですか」と尋ねると「それは保護者と本人で決めてください」となります。

「先生、滑り止めはどこがいいでしょうか」と聞くと、

「滑り止めが必要だと思うのであれば、保護者と本人で決めてください」

「この高校にチャレンジしたいのですが、先生はどう思われますか？」

「保護者と本人の選択を私は尊重し、賛成します」

これが現在の学校の進路指導なのです。

なぜか、その理由を言いますね。

「落ちる可能性があるから」です。

先生方は毎年毎年、二〇〇人近い卒業生を相手にしています。

先生が「ここは受かりますよ」と言っても、二〇〇人の中には体調やいろいろな事情によって毎年一～二人は落ちる子がいる。

すると、「先生は受かると言ったじゃないですか」「先生が受かると言ったから滑り止めを受けなかったのに、どうしてくれるのですか」といった苦情が本当に来るのです。

「君にはこの学校は難しいよ。この学校に無理して行くよりは、もうひとつレベルを下げて、落ち着いた環境の学校に行ったほうがいいのではないか」と先生に言われた。その指導通りにレベルを下げた高校に入った子は、結果として希望の大学には行けなかった。

一方、同じ成績でも、無理して勉強して希望の高校に入った子は、希望の大学に入ることができた。

「ウチの子も無理してその高校へ行っていたら、あの大学へ行けた」

「先生の言う通りに、高校のレベルを下げたために目標の大学に行けなかった。先生、どう責任を取ってくれるのですか」

本当にこんな苦情が来るのですよ。

私たち教員が、本当にその子のためを思ってアドバイスした進路であっても、その進路が本当にその子に合うかどうかはわからないのです。

ましてや、毎年毎年、何百人もの生徒を卒業させている中学校です。

全員が全員、先生の指導通り、ぴったりの人生を歩めるわけがないのですね。

すると、先生方は「自分で決めてください」と、リスクを避けるしかなくなるわけなのです。

では、これまで中学校が行なってきた進路指導の役割はどこが担っているのか。

実は学習塾が担っているのです。

学習塾に行くと、従来の学校のような「この学校に受かる可能性は何パーセント」「滑り止めを受けるならここがいいよ」といった、具体的なアドバイスが受けられる。

なので、中学生になると、多くの子どもたちが塾に通うようになっています。

そうした環境の中で、私たちは今、学校だけを頼ることができなくなってきている。

このことをよく知っておいてほしいと思います。

できないのではなく、集団や一斉指示が苦手なだけ

私は決して、日本の教育を批判するわけではありませんが、日本の教育は、何でもできる「まんまるな子」を育てているように思えてなりません。

たとえば、国公立大学を中心とした入試問題。大学入学共通テストでは、全科目の教科をまんべんなく受ける必要がありますよね。

でも、私立大学の受験は違います。

今、一教科だけの受験で入れる「一教科入試」をやっている大学や、総合型選抜（旧ＡＯ入試）のように小論文や面接を中心とする方式、高校からの推薦だけで入れるような大学もあります。

しかし、授業料の安い国公立大は、現在も高校で学んだほとんどの科目を一通りやる「大学入試共通テスト」を受けなければ、合格できないことは変わりません。

となれば、当然、高校の勉強も中学の勉強も、すべてバランスよくできなければダメです。

ですから、多くの高校は多くの教科の単位を学べるカリキュラムになっているのです。

でも、皆さん、よく考えてみてください。

本当に全教科をまんべんなくやる必要がありますか？

私が高校生だった時、同級生は私立文系クラスに行きました。

私立文系クラスには数学がないのです。

私は理系クラスでしたから、高校三年の最後まで数Ⅲをやりました。

つまり、私立文系クラスを選べば、数Ⅲを無理にやる必要はないのですね。

このように学ぶ教科を選択できるのであれば、特別支援が必要な子や不登校の子たちにとって、多くの教科をやる必要があるのか。

ほかのクラスメイトとの一斉授業、一斉指導方式でやる必要があるのか。

できない科目があってもよいのではないか。

さらに、一斉授業には適応できなくても、少人数授業で適応できればよいのではないか。

私はこういう発想が、もっともっと小・中学校のうちから大切なような気がします。

そもそも、それが支援学級や通級の基本的な考え方ではあるのですが、今後、通常の学級においても、配慮のある個別支援、合理的配慮、こういうものが大切になってくると思います。

なぜなら、将来の仕事もそうだからです。

私のところへよく、こんな質問が来ます。

「たくさんの人数で行なう一斉授業についていけないようでは、生きていけないじゃないですか」

私が実際に教えた不登校の子、授業が苦手な子が、今どうしているか。

お教えしましょう。

ある子はレントゲン技師になっています。

皆さん、レントゲン検査は大人数でやりますか?

やりませんね。

ある女の子はペットのトリマー。

また、ある子はネイルアーティストになりました。

どうですか?

どれも、たくさんの人の中で一斉にやる仕事じゃないですよね。

お子さんを将来、自衛隊や会社員のような、何十人もの集団の中で、組織的にやる仕事に就かせるのであれば、集団の中で働ける力は重要になってきます。

でも、ちょっと考えれば、集団でない仕事という「出口」もたくさんあるわけですね。

そう、無理に集団に適応させなくてもよいのです。

他人より多少時間がかかってもよいのです。

もっと一人ひとりの個性や凸凹を受け入れる。

そんな進路を柔軟に考えていってもよいのではないでしょうか。

よく「普通の高校」とか「普通科」と言いますが、その普通っていったい何なのでしょう。

私は時々疑問に思います。


できないのではなく、身につくために時間が必要なだけ

皆さんは、なぜ、三年で高校を卒業させようとするのですか。

今、変化している定時制高校についてお話ししましょう。

定時制というと、夜間に勉強するイメージがありますが、今の定時制には「昼間定時」といって、朝や昼間からやっている定時制があるのです。

実はこの定時制が、特別支援や不登校の子たちにとって有益な進路になっています。

というのは、定時制は原則四年間で卒業なのです。

一般的に三年間でやる学習内容を、四年間かけてやるからゆとりがある。学校を多少休んでもいいわけですね。

そして、通信制高校にも新しい流れがあります。

私がかかわる通信制高校の明蓬館ＳＮＥＣは、入学から卒業まで最大一〇年在籍可能です。それくらい、入学から卒業までの期間にゆとりがあるから、プレッシャーを感じなくて済む。

でも、皆さんよく考えてみてください。

一八歳もしくは高校中退して引きこもっている子どもたちが、三〇歳になっても四〇歳になってもなお引きこもっている。前出のデータが示す実態を考えれば、卒業まで長い年数がかかってもよいではないですか。

三〇歳や四〇歳になって、家でずっと引きこもっているくらいなら、その子にあったスピードで、ゆっくり高校卒業資格を取らせる、そんな方法もあるのですよ。

ただし、気をつけなければいけないのは、その学校に在籍できる年数です。

全日制の普通の高校は三年の二倍、つまり六年が卒業までの期限といわれています。

ですから、皆さんが検討している学校の在籍期限が最長何年間なのか、一度、ご自分で調べてみる必要があると思います（定時制は八年が上限）。

私は過去、小学校一年生を四回担任したことがあります。

その経験から言えるのは、小学校一年生になって、勉強も図画工作もみんな横一列に「ヨーイドン」とさせるから、遅れる子が出るのです。

私は今、八つの幼稚園とアドバイザー契約などをしていますが、年長の子のお母さんたちに向けて、常に言っていることがあります。

それは「遅れがあるなら、早くから取り組みを始めればよい」と。

たとえば、ひと回り大きいハサミの使い方、時計の読み方、ひらがなや片仮名の書き方、スティックのりの使い方……。

小学校一年生でやり始めることは、あらかじめ決まっているのですね。

それを小学校一年生で習うのを待つのではなく、ほかの子より少し早く取り組んでおけば遅れは出ないわけですね。

私がこれまでの著書の中で一貫して言い続けてきたこと。

それは「ゆとりをもって取り組む」こと、そして将来を見こして「少し早めに取り組む」ことです。

それをやり続けていけば、より多くの子どもたちが高校卒業資格を取得し、その後の進路を広げていくことが可能になるのではないか、と考えています。

本人が決める三つの内容「結婚」「就労」「進学」

発達や知的に課題のある子は、たとえそれが正しくても、親や先生から「こうしなさい」と言われると強く反発することが多くあります。

「僕が決めたんじゃない」「勝手に決めないで」と。

かといって、この子たちに「じゃあ、おまえに任せた」「自分で考えなさい」と言っても、本人だけでは考えられないのですね。考えても甘い判断をしてしまう。

では、保護者として、教師として何をすればよいのか。

答えは簡単。「選択肢をつくってあげる」こと。

私たち教師や保護者は、いくつかの選択肢を考え、そのメリットとデメリットを子どもに丁寧に話しましょう。

発達障害の支援の一つとして、「早めの予告と説明が大事」とよくいわれます。

発達障害や知的に課題ある子たちは、見通しもつことが苦手だからです。

でも、私たち教師や大人は見通しをもつことができます。

子どもたちにその見通しを伝え、そして、選択肢それぞれのメリットやデメリットを話し、その中から子ども本人の責任で選ばせることが大事なのです。

本人に決めさせずに上から指示だけ与え、後になって「どうしてお父さんの言う通りにしなかった」「どうして先生の言うことを聞かなかったんだ」と言っても、子どもは反発するばかり。

ところがどうでしょう。

「お前が自分で決めたことなんだよ」「あなたが自分で選択したんでしょう?」と言えば、ほら、叱り方が全然違ってきますよね。

親の寿命は子どもより短いことが自然のルールなので、子どもが死ぬまでの責任は取れないのです。

私たちは子育ての中で、子どもに自己選択をさせ、自分の人生に自分で責任を取らせる。そうした教育が大事だと私は考えます。

だからこそ、「結婚」「就労」「進学」、この三つに関しては、保護者や先生が決めるのではなく、本人に決めさせたい。私はそう思います。

そして、子どもが生まれて初めて大きな選択をするのが、中学卒業後の「進学」となっていくのです。

保護者や本人だけで苦しまないこと。学校はたくさんの経験をもっている

学校は、何千人という生徒を卒業させてきた経験の積み重ねをもっています。

仮に、若くて経験の浅い先生が今の担任だとしても、中学三年生になれば経験豊富な学年主任や進路担当の先生が必ずいます。

保護者は一人で悩まずに、学校に相談しましょう。

相談する際、先生方からの助言を上手に引き出す方法をお伝えします。

自分の子どもが云々ではなく、「今までに、似たケースの子どもはいなかったか、似た傾向のある子はその後、どうなったか」を教えてもらうこと。

「我が子はどうなのだ」と聞かれるので、先生は戸惑うわけです。

「今まで先生が見てこられた、ウチの子と同じような子の場合は、どのような成功例や失敗

例があったのか。教えてください」といった聞き方をすれば、多くの先生方が前向きに答えてくれるはずです。

皆さん、もっと学校を信頼してください。

保護者から求めないと学校は動いてくれません。

まずは、担任の先生に相談してみましょう。

二点目です。

「医療・心理」の専門的な分野から力を借りましょう。

やはり、医療や心理の専門的な分野からのアドバイスというのは、非常に重要です。

医師は、まず本人の命を守ること、本人が生きることを基盤に考えます。

保護者が自己判断に頼り、無理をさせて、子どもが不登校になったり、自ら命を絶ってしまったりするような事態だけは何としても避けたいわけです。

多くの保護者が「病院だけはいやだ」「薬だけはいやだ」と言って、医療にかかることを避けようとしますが、これは大間違いです。

薬を飲むこと、通院すること、意見書を書いてもらって学校に配慮してもらうこと。

治療の必要性を判断できるのは専門の医師だけです。

素人の保護者が勝手な判断をするではなく、お子さんの凸凹が大きければ大きいほど、支援が必要であればあるほど、私は医療と心理の専門家への相談が非常に大事になると思います。

もしどうしても病院のハードルが高いと感じるのであれば、各学校のスクールカウンセラーを頼ってみてはどうでしょうか。

ただ、スクールカウンセラーは、一カ月に一回程度しか来校しないことがほとんどです。その際は予約をしっかり取っておくことが必要です。

三点目は、児童発達支援・放課後等デイサービスといった福祉の力を借りること。先ほど、学校の担任の先生は毎年のように変わるとお話ししました。

私どもがやっている放課後等デイサービスは、小学校一年生の子が一八歳になるまで継続して療育することができます。児童発達支援に通っていれば、小学校に上がる前から継続した支援が受けられます。

学校の先生が毎年、全力で子どものことを考え、指導に当たってくれる役割を担うとするなら、そこに一本通る串のような療育。その一つが放課後等デイサービスではないかと考えています。

ですから、私たちは事業の一つとして、この学習支援も含めた将来の子どもに力をつける放課後等デイサービスを運営しています。

間違っても、おやつを食べて帰るだけ、遊んで帰るだけの療育では、子どもの明るい将来をつくってあげられません。

子どもの療育・教育について、学校、医療、福祉、家庭が一緒にスクラムを組み、よりよい子どもの未来を考え、創造していくことが大事なのではないかと考えています。

第2章

なぜ高等学校卒業なのか

中学卒では十分な収入や社会的地位が得られにくい

中学卒では、十分な収入や社会的地位が得られにくいということがあります。

かつて、職人の世界では、中学を出てすぐに修業を始めることが一般的でした。

しかし現在は、寿司職人やシェフなど、料理人を目指す人も調理師専門学校などを卒業してから店で修業に入る時代になっています。

ちなみに、私の母親は美容師です。

昔は中学卒業後、美容室で修業をしてから、国家試験を受けるのが一般的でした。専門学校もありましたが、今ほど行く人は多くなかったそうです。

でも、今は違います。

どこの美容院へ行っても「まずは、高校くらいは出てこい」と言われるそうです。

今は高校を卒業してから専門学校へ行く。

これが一般的になってきているのですね。

次ページの表を見てください。

学歴別の平均賃金（18歳以上の月平均／円）

	中学卒(※)	高校卒	専門学校卒	高専・短大卒	大学卒
男性	26万5800	29万7500	31万6000	34万8300	39万2100
女性	19万3000	22万2900	26万9400	26万9300	29万4000

(※) 中学卒のみ令和元年の結果（令和2年以降中学卒が調査から除外されたため）
出典：厚生労働省「令和4年賃金構造基本統計調査の概況」をもとに筆者作成

明らかに、中学卒、高校卒、大学卒で毎月の収入が大きく違っていますね。

中学卒で働けば、すぐに月に二〇万円ほどのお金が手に入るかもしれません。

しかし、一生涯という長いスパンの総収入で考えると、やはり高校卒以上の資格が有利になってくる。

中学校を卒業して、急いで働くということにあまりメリットがない、ということがわかってきます。

現在、中学卒の割合はごくわずか

現在、中学卒で働く人の割合がどれくらいかご存じでしょうか。

お子さんが通っているクラスメイトの中で、中学卒で社会に出る人は何人いるでしょうか。

通信制高校のニーズは年々大きくなっている
増え続ける通信制高校の生徒数

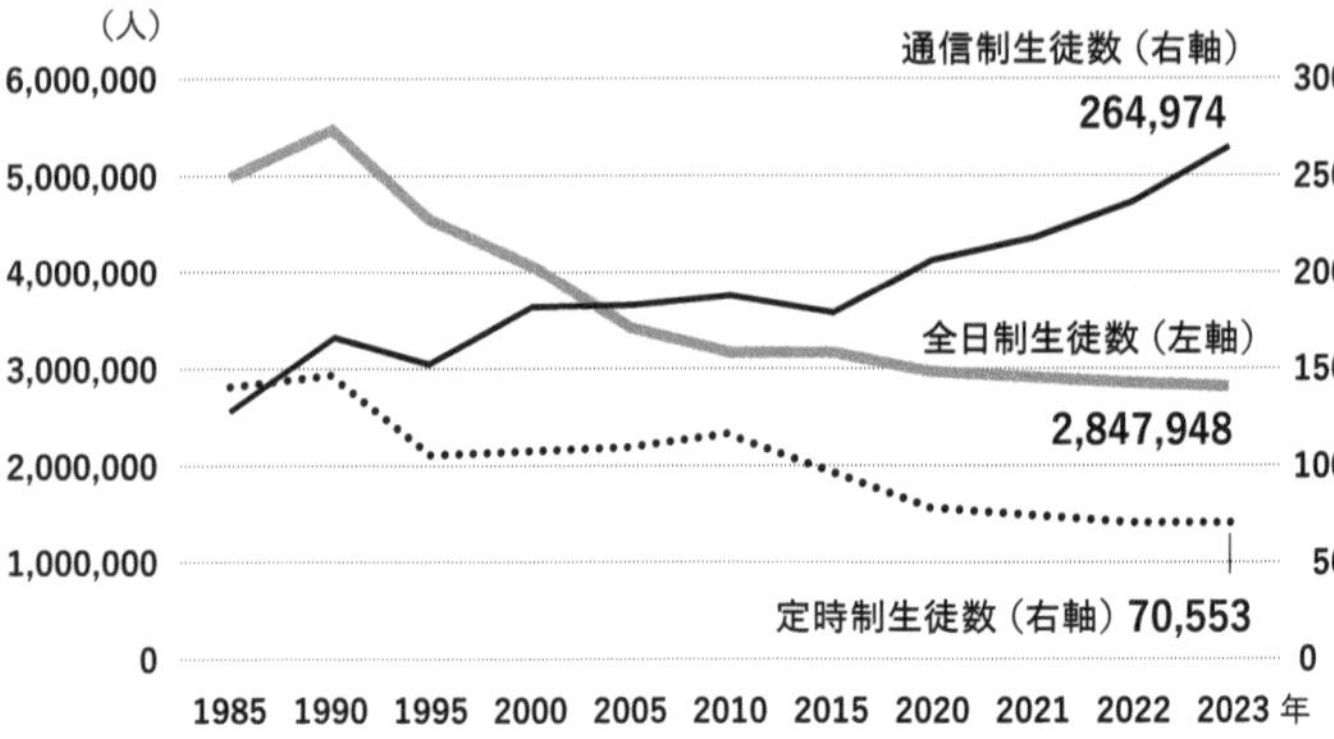

出典：文部科学省「学校基本調査」をもとに筆者

前述の統計でも、一〇〇人に一人どころか、一〇〇人に一人という状況です。

中学を卒業して社会に出るというのは、相当な家庭の事情がある場合、もしくは外国籍の場合、重度の心身の障害がある場合など、非常に稀なケースになってきているのです。

ちなみに、私の父の時代はどうだったか。

私の両親は辰年生まれ。今年八四歳になる父と母に聞いたところ、同じ中学の卒業生のうち、半分しか高校に行っていないそうです。

父も中学卒で働きました。

金の卵といわれ、石川島播磨重工業の造船会社に勤めました。

当時は造船景気で、父は本当に頑張って働きました。

父も当初は夜間の高校に数カ月通ったそうですが、「昼の勤務が激務で、とてもじゃないが、高校はあきらめた」と話していました。

父の時代、中学卒で働く人も多かった。むしろ、高校に行くことのほうが稀だったのですね。

また、父は修学旅行でのこんな話をしてくれました。

中学の修学旅行で伊勢神宮に行った時、動き出した汽車の中で叫んだ子がいたそうです。

「地球が動いている!」

生まれて初めて汽車に乗ったので、地球が動いていると勘違いしたそうなのですね。

ちょっとした笑い話ですが、当時は、初めて列車に乗る人がいるような、そんな時代で、大学へ行く子なんてとても少なかった。

昔は皆そうだったのです。でも今は違うのです。

高等学校にはさまざまな種類があり、今後、あり方も変わる

高校といえば、朝から制服を着て登校し、夕方まで授業を受けたり、部活動をしたりして過ごすもの。皆さん、それが高校だと思っていませんか?

今は通信制高校や専修学校高等課程など、昔とは比べ物にならないほどさまざまな高校ができています。

詳しくは第三章でお話ししますが、高校の学習内容についても、大学の入試内容についても、年々変わってきています。

昔のように「普通の高校を出て、普通の大学に行く」ことが当たり前、という時代ではなくなってきているのですね。

今、国や文科省の中央教育審議会で、従来は普通科と呼ばれる「普通」とは何かについての議論がなされ、令和四年度から「新時代に対応した高等学校改革推進事業」が始まりました。

普通科であっても、さまざまな学習が選択でき、その子に合った進路、その子の得意な興味関心のある学びというのができるようになってきています。

たとえば、私たちが運営するグロー高等学院では、「学校設定科目」として、なんと小・中学校の復習が高校の単位の一部になっています。

皆さん、そもそも高校の勉強は「中学三年生の勉強ができたもの」という前提で、勉強するものだと思っていませんか？

でも、そんなことをしたら、不登校や支援級の子は高校に通えないですよね。

皆さん、よく思い出してください。

皆さんが高校でやった勉強、大人になった今でも使っていますか？

「サイン・コサイン・タンジェント」「カンマ＋which の訳し方」「古文の、る・らる・す・さす・しむ」。

日常生活や仕事では使っていませんよね。

こんな勉強はその道に進みたい子、やりたい子がすればよい。

不登校や特別支援が必要な子にとって大切なのは、義務教育でやり残した「学習のやり直し」なのです。

これが「学校設定科目」として、今、高校の中でやれるようになってきた。

そんな「学習のやり直しができる高校」もできているのですね。

さらに、大学入試も変わってきました。

皆さんの頃は、ほとんどの大学が国語や数学、英語といった主要教科の入試で合否が決められていませんでしたか？

今の大学入試はずいぶん柔軟に変化してきています。

高校の通知表の成績、いわゆる内申書と言われるものですが、この内申点で合否が決まったり、学科試験があったとしても、たとえば国語だけ、数学だけ、一教科だけの試験に合格すれば入れたりする。こうした大学も増えてきているのですね。

私が高校生だった頃も、文系の私立であれば国語と社会と英語、理系であれば数学と英語と理科、三科目の入試で入れる大学がありましたが、今では一科目だけでもよい時代になったのです。

つまり、高校の単位は、卒業できる最低限の学習だけすれば、苦手な勉強を「普通の高校卒業レベル」まで無理してやる必要はない、ということなのですね。

そうやって考えていくと、高校卒業という資格のハードルが、昔に比べてずいぶん低くなってきた。そういうことも言えそうです。

学歴、学力だけではなく、その子なりの社会性も高めたい

中学卒業時のお子さん、そのままで社会に通用しますか？

支援学級や不登校だった子であれば、毎週五日間、八時間の労働に耐えること自体難しいものです。

そうした子たちにとっては、まず社会に出ることへの前向きな気もちをもつことがとても重要になってくるのですね。

高校というところは、単に学力や単位を取得する「頭の良さを競う」だけのところではありません。

高校生活の中で、先生や仲間たちと一緒になってさまざまな生き方を学ぶ。学力だけでなく社会性、適応能力を身につけることも大事になってくるのですね。

ちなみに、著者が学院長を務めるグロー高等学院は、三分の一が支援学級の子、三分の一が不登校の子、三分の一が高校を退学して編入してきた子です。

そうした子が、私たちの通信制高校に通う中でさまざまに変化していきます。

たとえば、緘黙傾向のある子が半年でたくさんの仲間や先生と話せるようになり、毎日、ウノやトランプを使ってみんなとゲームができるようになりました。

四月の入学当初は、その子に話しかけてもうなずくだけ。

一言もしゃべらなかった女の子です。

こんなケースもあります。

「おれは勉強が嫌いだ」「おれは中学卒で働くんだ」と言っていた子が、「保育士や美容師になるために専門学校へ行きたい」と話すクラスメイトから刺激を受けて、「IT系の専門学校を目指そうかな」なんて、そんなことを言い始めるようになりました。

この子がもし、「在宅型の通信制高校」に進学していたら、ゲームや動画サイトを見るばかりの毎日で、こんな変化は起きなかったと思います。

私たちの「通う通信制高校」に来て、仲間たちのいろいろな価値観に触れることで「おれも専門学校に行こうかな」と思い始めた。共に学ぶ仲間の力や意見というものは、思春期の子にとって、とても大きな影響を及ぼしていくのですね。

そして、もう一人の女の子のケース。

「高校を卒業したらすぐに働く、何でもいいからお金を稼ぐ」と言っていた子がいました。ところが、夏休みの懇談の中で「私、やっぱり短大に行きたい。先生、私、行けるかな？」なんて話しかけてきたのです。

「どうしたの？」と聞くと、この子、実は小さい頃から、幼稚園の先生や保育士になりたかったそうです。

でも、この子は不登校で勉強も苦手、内申点も低く進学をあきらめていた。

ところが、私たちの通信制高校は普通の高校と評価が違います。

年末にもらった評価が、なんとオール3以上だったのです。

今まで、オール1だった通知表が3や4、中には5もあった。

「先生、すごい、私ってできるんだね！」

「君が頑張ったからだよ」

そうした経験の中で自信がつき、自己肯定感が高まり、あきらめていた「幼稚園や保育園の先生になりたい」という夢の芽が再度大きく育っていったのです。

家に引きこもったままで、こうした変化が起きるでしょうか。

家の中だけで完結する学習で、自発的に夢に向かって努力する力が身につくでしょうか。

また、その子の将来を変える刺激が受けられるでしょうか。

そうしたことも考えながら、お子さんに合った高校を選び、お子さんの可能性を広げていくことが非常に大事になってくると思います。

授業料が大幅に安くなっている

公立高校の授業料が、ほぼ無償化され始めていることを知っていますか。

年収によってある程度の負担はあるものの、現在、公立高校は授業料が基本的に無料という流れになっています。

では、私立高校はどうでしょうか。

現在、大阪府や東京都では、私立も含めて全部無料にしようとか、東京でも私立にも補助を出そうという動きがあります。

大都市圏ではない地方でも、私立の学校に関しても、大幅な助成金がもらえるようになっています。国からの高等学校就学支援金に加え、各都道府県による支援が出されるようになっているからです。

私が高校生だった頃、公立学校の授業料は一カ月あたり一万円、私立で五、六万円が相場だといわれていました。

ところが、今、公立学校は事実上、無料。

私立でも月に一、二万円の授業料で通えるぐらいの補助が出ています。

私立といっても、今では随分と授業料が安くなってきているのですね。

ただし、授業料は学校によって差がありますので、問い合わせることが必要です。

そして、皆さんご存じの通り、私立のほうが「手厚い教育と授業カリキュラム」になっています。

それは、私立の学校経営が授業料収入で成り立っているから。魅力ある教育を追求して、たくさんの生徒を集めなければいけない。生徒が来なければ収入が減り、下手をすると学校が潰れてしまうのです。

つまり、私立は一度合格させた以上、しっかりと授業料を受け取る代わりに、一度入学させた生徒は卒業まで面倒を見るのが基本的な方針なのですね。

ただし、生徒が法律に触れるような問題を起こしたり、学習が続けられないような問題を起こしたりした場合は「退学」という処分が下される場合もあります。

でも、勉強が苦手とか、学習がゆっくりだとか、そういう子たちを退学させたり、やめさせたりすることは、私立は基本的にはしません。

それらを総合すると、面倒見のよい私立学校に進ませるというのは「あり」かもしれませんね。

ちなみに、私たちが運営する通信制サポート高校のグロー高等学院は国の助成金だけでなく、学校独自の助成も行っています。

学校の中には、世帯年収によって全く助成金が出ない学校もあれば、二五万円がもらえる学校（※令和五年度時点、グロー高等学院／明蓬館高等学校ＳＮＥＣ愛知・江南の場合）など、さまざまです。

入学する前に、各校に問い合わせてみていただければと思います。

高校卒業資格があれば、その後のキャリアアップが可能になる

こんな質問も受けます。

「特別支援学校を卒業したけれど、高校卒業資格が欲しいので、もう一度高校に入り直すことができるでしょうか？」

できます。

「高校を中退した子、中卒だった子が、三〇歳になってから高校に入れますか？」

可能です。

しかし、現実的には難しいかもしれません。

実際、私たちが運営する通信制高校に、二七歳で入学してきた生徒がいました。

やはり、中学卒で社会に出たものの、やはり高校卒業資格があったほうがよいということ

で、二七歳になってからの学び直しでした。

今、芸能人が大人になってから大学や大学院に行くことが話題になっていますが、高校から学び直すという事例はほとんど聞きませんよね。

今は、高校卒業であることが標準化しているということなのでしょう。

高校卒業資格を取るということを、中学卒業の段階からしっかり考えておくことが非常に大切なのではないかと思います。

決して遠回りがダメということではありません。

でも、遠回りせずに済む機会を逃してまで、あえて遠回りする必要はありませんよね。

高校卒業資格が必要になる例として、たとえば、就労の条件に「高校卒業以上」としているところが非常に多いことがあげられます。

一度、インターネットなどでハローワークの求人を見てください。

ほとんどの職種で「高校卒業以上」「要普通運転免許」が応募要件になっています。

高校卒業資格と普通運転免許は、就職する上でとても重要なものになってきているのです。

高校卒業の資格さえ取ってしまえば、その後の専門学校や大学への進学が簡単で、学び直しもできる。

さらに、高校卒業資格に加え、実務経験を積むことでさまざまな資格が取れるようになります。

たとえば、私たちが運営している放課後等デイサービスのスタッフになるには、原則、保育士か教員、児童指導員の資格を必要とします。

ところが、高校卒業資格をもった子であれば、放課後等デイサービスで二年間の現場実務を経験すると児童指導員になれるのです。

資格試験はありません。実務経験のみです。

所管する都道府県に、「この子は高校卒業後、放課後等デイサービスの職員として二年間働きましたよ」と証明するだけで、児童指導員の資格が与えられます。

そうすると、児童館や放課後等デイサービスなどで指導の仕事ができるわけですね。

先ほど、子どもが大好きな子がいると紹介しましたが、子どもと触れ合う仕事がしたいのであれば、何も短大や大学に行って保育士になるだけが道ではないのです。

高校卒業資格さえあれば、たった二年間の実務経験で児童指導員の資格が取れる。

このように、高校卒業資格と実務経験で資格が取得できる仕事もあれば、高校卒業が条件になっている資格もたくさんある。この点も「高校卒業資格」を取ることを勧める一つの理由でもあります。

高校卒業業資格を取ることは、学歴・プライド云々ではなく、もはや生きていくための必要条件になりつつあるのです。

無理なく学び、通学できる高校があるのであれば、その進路を選択するのは「あり」だと私は思います。

高校卒業資格を取得することは、すべてではありません。しかし、取れるものなら有利になることは確かなのかもしれません。

高等学校卒業程度認定試験（旧大学入学資格検定）は高校卒業ではない！

高卒認定試験（高等学校卒業程度認定試験）とは「高校卒業者と同程度の学力がある」と認められることで、公務員試験などを受験できるものです。

しかし、高校卒業資格には、次の二点を必ず満たさなければなりません。

①三年間の高校在籍
②74単位以上の単位取得

つまり、最終学歴を「高校卒」として履歴書に記載するには、高等学校（高校）を卒業しないといけないのです。

ちなみに、高卒認定試験合格者は、最終学歴は「中学卒」となり、履歴書の資格欄には「○○年○月高等学校卒業程度認定試験合格」という記載になります。

第3章

不登校や特別支援が
必要な子どもが
進学できる高等学校

普通の高等学校と特別な高等学校の違い

普通の高校と特別な高校について、まず触れてみたいと思います。そもそも何が違うのか、ここで一度、整理しておきたいと思います。

「普通の高校」とは、皆さんの多くが卒業された、昼間からやっている全日制の高等学校のことを言います。

全日制の高校は普通科に加え、工業高校や商業高校、農業高校、中にはちょっと変わって商船高校や芸術高校などがあったりします。

その一方で、「特別な高校」とは何でしょうか。

特別な高校とは、不登校や特別支援学級など、集団が苦手だったり、学習に遅れがあったりする子たちを受け入れてくれる高校ということで定義しておきたいと思います。

入試が違う

特別な高校はまず、入試が違います。

普通の高校は五教科（国語、数学、理科、社会、英語）に加えて、中学校の通知表の1〜5が合否のポイントになってきます。

多くの高校は、五教科のテストの成績と通知表の評価割合が五：五。ほぼ同じ割合で合否判定に使われるところが多いようです。

それは、なぜでしょうか。

高校には個別の支援がないからです。

高校では四〇人に一人の先生しかいませんから、「みんなと同じ土俵」で評価しなければなりません。みんなと同じテストがどれだけできたのか、みんなと同じ宿題やノートがどれだけできたのか、成績はクラス全体の中でどの程度のレベルにあるのか。

なので、通知表も大事になるわけですね。

ところが、私がかかわるグロー高等学院では入学試験が「面接だけ」。

作文も事前に書いたものを提出すればよいので、学校でしっかり添削指導を受けておけば大丈夫なわけですね。

ただし、通信制高校の中には、国語、英語、数学の基礎学力などを調べるところもあります。

進学したい学校によって入試の内容に違いがあるので、事前に調べておいてほしいと思います。

高校卒業のための学習の量が違う

次に、高校を卒業するまでに必要な学習の量が違います。

普通の高校の場合、半数以上の学校が卒業までに必要な単位を八五以上にしています。学校によっては、九五以上の単位数を取ってようやく高校を卒業します。

ところが皆さん、驚くかもしれませんが、実は文科省が学習指導要領で定めている高校卒業に必要な単位数は七四単位なのです。

いわゆる普通の高校というのは、国公立大学でも医学部でも受験できるように、余分に勉強しているだけなのですね。無駄な勉強とは言いませんが、文科省の基準より二割くらい、学習量が多くなっている高校が多いわけです。

一方、通信制高校は一〇〇％が七四単位（必要に応じて単位の追加は可）。

つまり、文科省が定めた高校卒業に最低限必要な学習量で卒業できる。

カリキュラムにゆとりがあるから、多少休んでも大丈夫。一日の学習時間を短く設定するなどの配慮が十分にできるということなのですね。

通信の単位数との比較

◆通信制高校と普通の高校の単位数はこれだけ違う

		74	75〜84	85〜94	95以上
全日制	普通科	24.6%	27.5%	32.6%	15.4%
	専門学科	20.1%	32.2%	41.7%	6.1%
	総合学科	57.4%	32.7%	9.6%	0.3%
定時制	普通科	69.1%	29.5%	1.4%	0.0%
	専門学科	61.6%	36.9%	1.5%	0.0%
	総合学科	94.4%	5.6%	0.0%	0.0%
通信制	普通科	100.0%	0.0%	0.0%	0.0%
	専門学科	100.0%	0.0%	0.0%	0.0%

出典：文部科学省「H28.6.1　高等学校における教科・科目の構成及び単位数について（検討案）」より抜粋

◆高等学校における単位修得のイメージ例

学校において定める卒業までに履修させる単位数（85〜94単位）(※)

学習指導要領における卒業までに修得を要する単位数（74単位）

必履修教科・科目の単位数（35単位〜）

（※）平成27年度公立高等学校における教育課程の編成・実施状況調査結果によると、全日制普通科の58.4%全日制専門学科の82.5%、全日制総合学科の77.0%が、卒業までに履修させる単位数を85〜94単位に設定している。
https://www.mext.go.jp/a_menu/shotou/new-cs/1368209.htm

出典：文部科学省「（平成30年告示）高等学校学習指導要領について」より抜粋

評価が違う

皆さんが高校生だった時、中間テストや期末テストがありませんでしたか。

授業中どれだけ寝ていようが、とにかく期末テストで頑張って点数を取れば、高校の成績はよかったはずです。

そう、普通の高校というのは、期末テストの成績が評価に直結しますが、通信制高校は違います。

私がかかわる高校も期末テストはありますが、その結果が評価に与える影響の割合は一割程度です。

たとえば、日ごろの授業の後に提出するレポートや年一回のスクーリング、「マイプロ」と呼ばれる子どもたち自身の学びの成果物。

こうしたテスト以外の学びによって、その子の成績が評価され、単位が取れるということなのですね。

皆さんも、職業や役割によって、その人を評価する視点が違いますよね。

たとえば、スポーツ選手であれば、まず身体能力を重視しますよね。

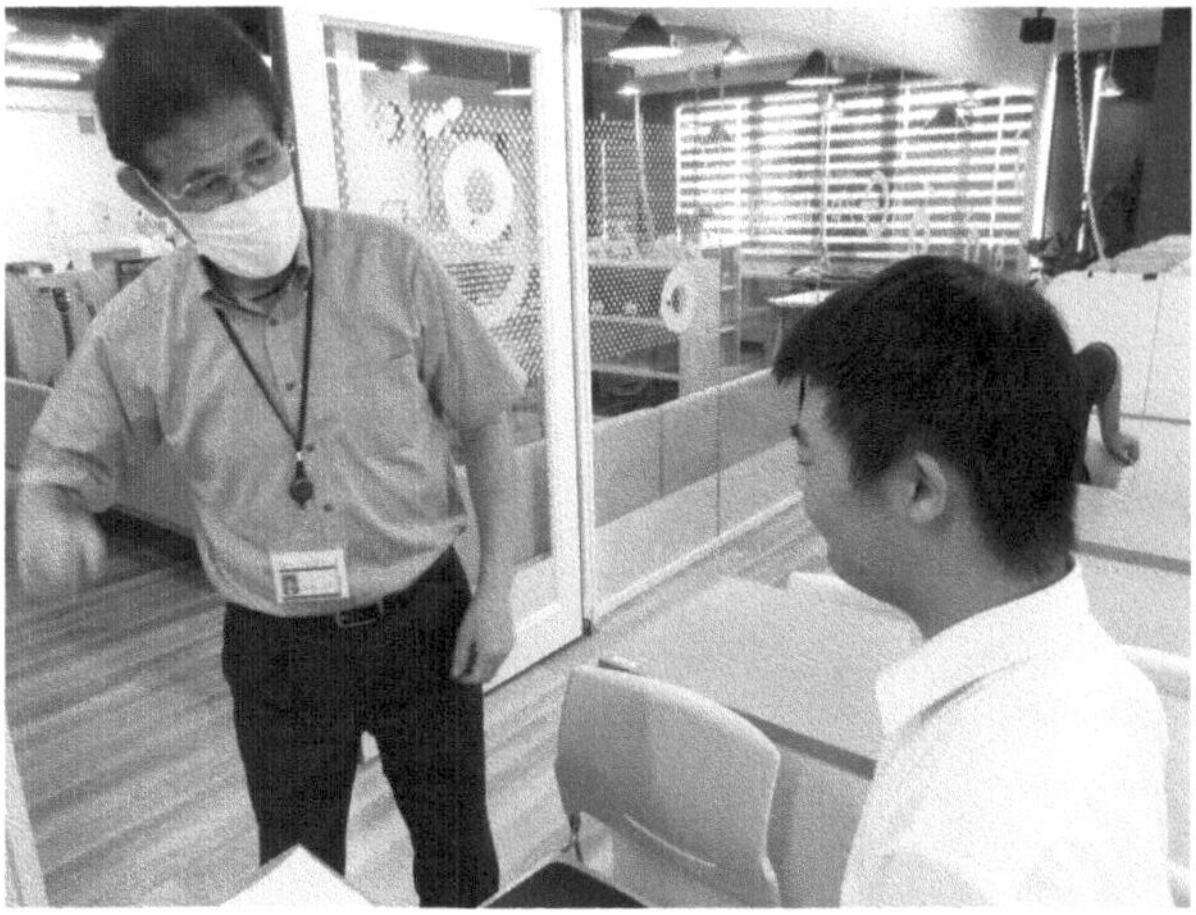

いつも共感的に受け入れてくれる専門の先生

保育士や幼稚園の先生であれば、子どもを理解する力や指導力を重視しますよね。

それと同じように、みんな横並びで評価する普通の高校と、一人ひとりの個性を重視する特別な高校では評価の視点が違う。

つまり、特別な高校では、たとえ期末テストができなくてもレポートや成果物、スクーリングがしっかりできれば十分卒業できるし、通知表の3以上も取ることができるということなのです。

教師（指導者）が違う

続いて「教師」が違います。

普通の高校の教師は、前述したように「できないのはあなたの責任だから、塾で頑張ってき

いつでも活用できる個別学習スペース

なさい」といった、比較的、放任スタイル。

どちらかと言えば、大学の講義のような授業が一般的な高校の授業です。

でも、特別な高校は違います。

不登校や支援学級の子など、課題のある子を受け入れることが大前提ですから、教師の「子ども理解」が違います。

そして、教師がもっている資格も違います。

学校にもよりますが、私がかかわる明蓬館高等学校ＳＮＥＣ（スペシャル・ニーズ・エデュケーション・センター）は公認心理師や学校心理士など、専門の心理士を置くことを原則としています。さらに、そのサポート校である私たちのグロー高等学院には特別支援学校、養護学校の免許をもった職員も複数います。

環境が違う

最後にお伝えしたいのは「学びの環境が違う」ということです。

普通の高校は、私たちがイメージするいわゆる「教室」と音楽室や工作室など、大人数の「特別教室」しかありません。

通信制高校の場合、たとえば、グロー高等学院では四、五人の少人数の教室や先生と学生がマンツーマンで学べるスペースも数多く準備されています。

大人数での一斉授業が主体なのか、それとも個別や少人数による学習形態なのか、ということも普通の高校と特別な高校の違いになってきます。

特別支援が必要な子どもの高校の種類（その一）公立高校編

定時制高校

特別支援が必要な子どもの高校への選択肢は公立高校にも広がっています。

いくつか紹介しましょう。

まず一つ目の選択肢は定時制高校です。

今の定時制高校には「昼間部」があります。

しかし、定時制は、残念なことにあまり人気がありません。

そのため、不合格になる可能性が低く、受験した子はほぼ合格できることになります。

しかも、公立学校ですから、授業料が安い。

さらに、四年間かけて卒業するので、三年で卒業する普通の高校に比べてゆとりをもった学びができる。

そういう意味で今、不登校や支援学級の子が定時制高校を受験することがスタンダートになってきています。

ただし、定時制に問題がないわけではありません。

一つは定時制といっても、普通の高校の先生が担任になっている場合が多いので、発達障害や不登校に理解があるとは限りません。

二つ目は、中学三年生までの勉強ができているものとして学習が進んでいくので、学習についていけなくなる可能性があることも注意点です。

普通の高校でともに学ぶ「インクルーシブ高校」

次の選択肢は「インクルーシブ高校」への入学です。

インクルーシブ高校とは何か。

かつて皆さんが通っていた普通の高校には、たとえば「特進科」とか「蛍雪科」など、受験対策の専門クラスなどがありませんでしたか？

その逆パータンで、一部のクラスだけ、不登校の子や支援級の子を対象にした特別なクラス＝「インクルーシブ枠」が設置された高校をインクルーシブ高校と言います。

こうした高校では、インクルーシブ枠の生徒も普通科の生徒も交流しながら、一緒に高校生活を送ることができます。

今、この「インクルーシブ枠」を全国の学校につくろうという動きが国の旗振りで進み始めています。

佐賀県にあるインクルーシブ高校、佐賀県立厳木《きゅうらぎ》高等学校について、ご紹介しましょう。

どんな学校かというと、普通の高校の中に四〇人だけ特別に評価される「重点評価枠」があるのです。

重点評価枠の対象になる子は、次のいずれかに該当することが必要です。

①不登校経験がある
②発達障害がある
③普通の高校をやめた子

厳木高校には、こういう子だけを専門で受け入れる枠があるのです。

この枠に入るためには、①〜③のいずれかでなくてはならない。

県立高校にこうした四〇名の特別な枠があること自体が画期的なのですが、素朴な疑問として、「普通科の生徒と同じ学校なんて、入学させてもちゃんと教育してもらえるのか？」と不安に思う方もいるでしょう。

しかし、厳木高校に入れたなら、胸を張ってください。

なんと、卒業生の五八％が進学し、四二％が就労できているのです。

つまり、卒業生の一〇〇％が社会に出ることに成功しているのです。

誰一人として落ちこぼれをつくっていない。不登校や発達障害、普通の高校を途中でやめた子を受け入れ、その子たちも含めて、全員が進学または就労ができているのです。

なぜこんなことができるのか。

調べてみると、重点評価枠の構成に理由がありました。

一年生は二〇人学級×二教室で特別枠の四〇名を受け入れている。

少人数対応なのです。

今、少子化で高校生の子どもの数が減っていて、教室に空き、余裕がありますよね。

学習支援室があって学習支援員もいる。さらに、スクールカウンセラーによる教育相談室もしっかり設置されている。

つまり、一クラス二〇人体制で、学習が遅れた子のための学習支援室だけじゃなく、担任以外のサポーターもいるのです。

これがインクルーシブ高校なのです。

文科省は、こうした「インクルーシブ教育を行なう学校を増設しましょう」と各都道府県に指示を出しているのですが、どうつくればよいのかわからず、教育行政と現場の皆さんが足踏みしているのです。

ところが、先進的な地域では厳木高校のような取り組みが積極的に行なわれていますから、今後、数年で各都道府県へと確実に波及していくことでしょう。

つまり、小学生くらいのお子さんは、高校進学の可能性が広がる将来を見越して準備をしておかなければならない。中学三年生になってから、こんな学校があったのかと気づいて、急に頑張ったとしても、間に合わないわけですね。

大阪には、大阪府立貝塚高校というインクルーシブ高校があります。

この高校は、なんと障害者手帳をもっていることがインクルーシブ枠の入学に必要な条件なのです（貝塚高校以外に府立としてほかに一〇校あり）。

知的障害のある生徒のための「自立支援コース」が設けられているのですね。

たとえば、一年生の時にはサポートしてくれる教員がついてくれたり、担任や各教科の先生たちをつなぐ、各学年に一名ずつ「コーディネーター」が配置されたりする。

それから、一年生の頃から職場見学に出かけるなど、将来の就労に向けた手厚い配慮もあります。

各学年の定員は数名、コース全体で十数名。入試は面接と学校から提出される調査書などで、いわゆる入試の学力テストはありません。

このように、特別な支援が必要な子を受け入れ、育てる公立高校がどんどんできています。

私たちはあきらめることなく、将来への長い見通しをもって、しっかりと療育や支援をしていかなければならない、ということなのですね。

普通の高校内で「通級」による指導を受ける

最後に紹介するのが「通級」です。

通常のクラスに在籍しながら、週に数時間だけ自分のクラスの外に出て個別の支援を受けたり、個別の支援のために先生がクラスを訪ねてきてくれたりする。

これを「通級」と言いますが、千葉県だと、千葉県立幕張総合高校や千葉県立佐原高校、千葉県立袖ケ浦高校など、なんと一〇校も実施高校があります。

さらに、千葉県では、令和四年度から通級の指導教室の先生がほかの学校を巡回して、子どもたちの指導に当たる取り組み、「巡回指導」も始めました。

文科省は、地域ごとに公立学校一校ずつ程度の割合で、定時制高校だけでなく、普通の高校の中にインクルーシブ枠や通級をつくる方針を出しています。

この取り組みを積極的に進めている地方自治体の例が、前述の佐賀県や千葉県などなのですね。

あと五年もすれば、インクルーシブ高校や通級のある高校が、すべての都道府県にできるでしょう。

特別支援が必要な子どもの高校の種類（その二）私立高校編

星槎中学・高等学校（神奈川県）

では、私立高校の場合はどうでしょうか。

私立で一番有名なのが、神奈川県にある星槎中学と星槎高校でしょう。

星槎グループ HP：https://www.seisagroup.jp/about/group

不登校や特別支援の子を受け入れて、一クラスは二五名前後で最大でも二八名です。学習の進み具合に合わせてクラスが決まる仕組みです。

少人数制の中高一貫校ですが、もちろん高校から入学することもできます。

そして、特別支援が専門の先生がいます。

星槎中学と星槎高等学校の本校は横浜市ですが、中学校はさいたま市、名古屋市、札幌市にあります。併せて、通信制高校や大学なども展開しています。

授業料は比較的高いほうかもしれませんが、少人数の生徒を受け入れ、レベルの高い教育を提供するためには必要なことでしょう。

今後、全国にこうした学校が増えていくのではないでしょうか。

有朋高等学院（福島県）

福島県にもユニークな学校があります。

有朋高等学院です。

有朋高等学院 HP：http://yuho.ed.jp/

有朋高等学院は、ＮＨＫ学園高等学校普通科（通信制）と提携している全日制の高等専修学校で、卒業生の約九割が大学などに進学している学校です。卒業生は、高等学校と高等専修学校の両方の卒業証書を取得することができます。

一クラスは二〇名程度で、不登校や保健室登校などの生徒を広く受け入れ、一斉指導と個別指導を組み合わせた授業が行なわれています。

しかも、クラスの担任は全員、特別支援学校の免許をもった先生です。公認心理師や社会福祉士の教師も多く勤務しています。

そもそも校長先生ご自身が公認心理師、国家資格のもち主です。

二〇人クラスで、しかも教師がプロ集団の有朋高等学院。運動会や部活動もあり、普通の高校と同じような日課、カリキュラムで運営されています。

こうした学校が全国のあちこちにどんどん増えてきていますので、情報をしっかり集め、各校の特徴を比較し、よく検討してみてください。

特別支援が必要な子どもの高校の種類（その三）通信制高校

通信制高校というと、「在宅型」をイメージされる方が多いと思います。

しかし、「家の中で勉強する」といっても実際、なかなかできないものです。

そこで、現在、いろいろな通信制高校ができています。

先ほどの有朋高等学院のような、普通の私立高校に近いタイプなども増えてきていますが、ここで紹介する「通信制」は何が違うかというと、「登校しなくてよい」ということです。

普通の高校は三分の二以上出席しないと基本的に単位が出ない、という話は前にも触れましたが、この通信制高校というのは、出席の縛りがものすごくゆるいのです。

そういう点で、不登校や発達障害の子たちにとっては、とても通いやすい学校の種類の一つということになります。

また、「通信制といえば、家でやるもの」という固定的なとらえ方も、もう昔の話になってきています。

在宅型通信制高校

もちろん、今でも、従来の在宅型の通信制高校はあります。

たとえば、角川ドワンゴ学園のN校。とても人気のある高校です（通学型もあり）。

自宅でもどこでもネット環境さえあれば、好きな時に授業が受けられるインターネット型の通信制高校です。ある程度、一人で勉強ができる子に向いています。

通学少人数型通信制高校

でも、家では落ち着いて通信制の授業が受けられないという場合も出てきます。

その場合は、「通学少人数型」の通信制高校がよいでしょう。

たとえば、駅前に塾のような教室スペースがあって、そのスペースへ行けば、「このレポ

増え続ける通信制高校

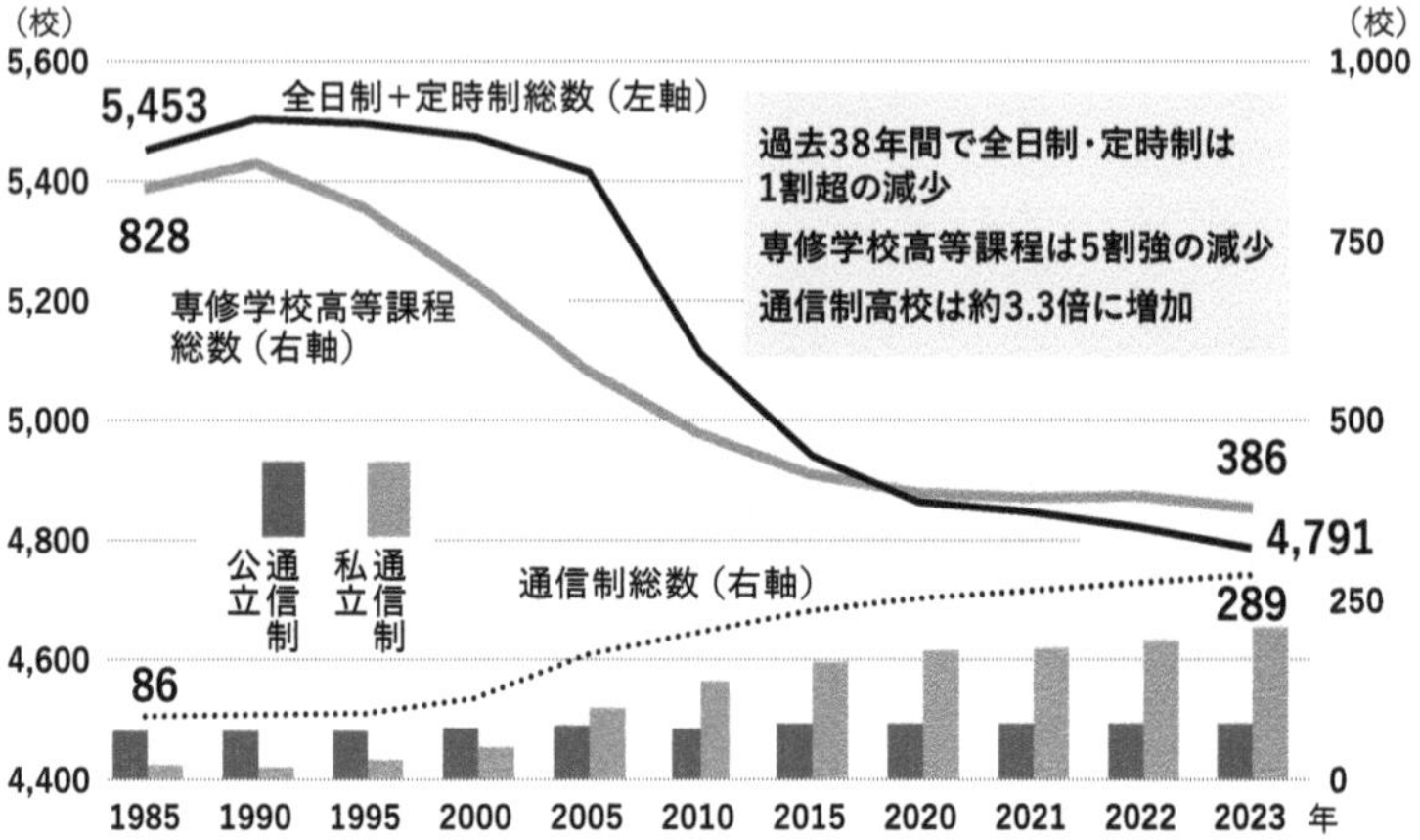

ートで内容は大丈夫か」「勉強について行けているか」など、少人数で勉強を見てくれるのですね。

要は塾のイメージに近いかも知れません。

こういうスペースは「サポートセンター」や「学習センター」「キャンパス」などと呼ばれています。駅の近くの通いやすいビルなどに教室やスペースがあり、そこに行けば常に先生が何人かいて、勉強を見てくれます。

家で落ち着いて勉強できない子にとっては、よいサポートになるでしょう。

こうした通学少人数型の通信制高校は、通信制高校本校のサテライト的な教室や学校によって生徒を支援する「通信制サポート校」とも呼ばれています。

たとえば「トライ式高等学院」や「第一学院高等学校」「ヒューマンキャンパス高等学校」など。こうした通信制高校の多くがサポート制度を提供しています。

私がなるほどと感心するのは、サポート教室に通う頻度が選べることです。

週一コース、週三コース、週五コースなど、その子の個性や状況に合わせて選ぶことができるわけです。

たとえば、家で勉強や課題ができる子であれば、週一コースにすることで授業料が割安になりますし、ある程度、自習ができる子なら週三コース、先生が近くにいてくれないと勉強に身が入らない子は週五コースという具合です。

同じ少人数型でも、その子の特性に合わせて頻度も選べるように工夫されているのです。

しかし、ここでまた問題が出てくる場合があります。

少人数でも厳しいという子がいるのですよ。「四、五人も人がいると苦手」とか。

通学個別型通信制高校

そこで出てきたのが、「個別対応」が無料で受けられる通信制高校です。

その一つが、私がかかわる明蓬館高等学校ＳＮＥＣなのです。

明蓬館高等学校ＳＮＥＣは、少人数でほかの生徒と一緒に勉強することもできますが、一対一の個別授業にも十分対応できる通信制高校でもあります。

もちろん、前述のような通信制サポート校でも個別対応をしてくれますが、個別でやるとなるとオプション料金が必要になる場合が多いようです。個別対応する頻度に合わせて、たとえばプラス三万円、五万円などというように。

なぜなら、基本プランが「少人数型」であって「個別授業型」ではないからです。

明蓬館高等学校ＳＮＥＣの場合は、最初から個別対応が基本なので、料金を追加する必要はありません。

つまり、通信制高校といっても、家の中でも一人で勉強できるのか、週に何回かサポートに通って先生に勉強を見てもらうのか、少人数なのか、個別対応なのかなど、いろいろな組み合わせがあり、学校ごとに個性があるということです。

明蓬館高等学校ＳＮＥＣでは、在宅か通学か、少人数か個別かを選べるようにしています。

このように、ひと口に通信制高校といっても、いろいろなタイプの学校が混在していることを理解してください。

たとえば、ラーメンにも味噌・醬油・塩味、麺も太麺・細麺など、味や麺に特徴があるように、通信制高校によって、教師や環境、通い方や成績の評価方法もさまざまです。

そのためにも、「通信制に通えばいいだろう」ではなく、どんな通信制高校が自分の子に合っているのか、ということを早くから考えていかなければなりません。

中には「ほかに行くところがないから、通信制高校に入学した」という子がいます。中学三年生の夏を過ぎてから考え始めたようなケースですね。

これは失敗する確率が高くなります。

その理由は、学校をしっかり調べ、考え、選ぶ期間がないからです。

そういう意味でも、特別な高校を選ぶ場合には、できる限り早い段階で見学や体験をしてほしいと思います。

普通の高校では、中学三年生にならないと基本的に学校見学や体験入学はできません。

でも、通信制高校は、小学生のうちから見学もできますし、資料を受け取ることもできます。とにかく早めに行動を起こして、お子さんに合った特別な高校を探すことが大切になってくるわけです。

特別支援が必要な子どもの高校の種類（その四）専修学校高等課程

最後にご紹介するのは高等専修学校（専修学校高等課程）です。

高等専修学校は、いわゆる専修学校・専門学校のうち、中学卒業者を対象にした学校で、わかりやすく言えば、専門学校と通信制高校が混ざったようなイメージ。

本章の冒頭に、七四単位を取れば卒業できる通信制高校は、普通の高校に比べて単位数、学習量が少ないと説明しましたね。

その少ない時間に、専門学校としての専門的な学習が入ってくるのです。

全国の高等専修学校は、北海道から沖縄まで全国に一八九校あります（全国高等専修学校協会の会員：令和五年九月七日現在）。

※ https://www.zenkokukoutousenshugakkoukyoukai.gr.jp/ichiran2023_09.pdf

たとえば、「調理師になれる高校に行こう！」がキャッチフレーズの東京多摩調理製菓専門学校の向陽台高等学校や、愛知県であれば名古屋情報専門学校高等課程、商業に強みをもつ菊武ビジネス専門学校や工業の名古屋工学院などのほか、全国にはアートからネイル、水族館や動物園の飼育員の養成まで、さまざまな専門分野の学校があるのです。

ただし、気をつけるべきことが三点あります。

一つは個別や少人数による授業がないということ。

二つ目は、毎日通わなければならないということ。

三つ目は、高校卒業のための単位数がせっかく減ったのに、専門分野の学習が追加されるので、学習量が多くなるということですね。

こうした高等専修学校に向いている子は、たとえば、自閉症スペクトラムのような、「この分野やテーマだけが極端に好き」という子。「料理が好き!」とか「動物が好き!」というように、本人の「好きなこと」とマッチしたらドンピシャです。

もう一つ、気をつけるべきことをお伝えするなら、専門学校と通信制高校が一緒になっているので、その分、授業料が高くなってしまうこと。

高校卒資格と専門技能が身につくのですから、当然なのかもしれませんが。

ほかにもある！
さまざまな特別な高校

学校法人自然学園　自然学園高等学校
（梁川キャンパス・甲府キャンパス・
須玉キャンパス・相模原キャンパス）
山梨県大月市ほか
問い合わせ先：**0554・56・8500**

学校法人伊藤学園　甲斐清和高等学校
山梨県甲府市
問い合わせ先：**055・233・0127**

学校法人古川学園　向陽台高等学校
（古川学園キャンパス）
三重県四日市市
問い合わせ先：**059・353・2215**

第4章

通信制サポート高校の実践例

グロー高等学院の場合はどうか

前章では、通信制高校にはいろいろな種類があることをお話ししました。

今は、多様で個性的な通信制高校がたくさん出てきています。

その中から、我が子に合う通信制高校を探すにはどうすればよいのか。

そのためにはやはり、比較基準となる学校を一つ選んでおくことが大切です。

ここでは、私が運営にかかわっているグロー高等学院の例をご紹介しようと思います。

一つの実例を具体的に知ることで、学校ごとの配慮や教育方針、施設や先生方の特徴などが明確になり、比べやすくなるでしょう。

前述したように普通の高校は、中学三年生にならないと見学や体験ができませんが、私どもの学院では小学生であっても見学ができます。

先日、グロー高等学院に、小学校低学年の子が保護者と一緒に学校見学に来ました。

小学生のお子さんがなぜ見学に来られたのかを保護者に聞くと、小学校の先生から中学からは「支援学級に行ったほうがよい」と言われたからなのだそうです。

著者・山内が在籍するグロー高等学院

ところが、その保護者の方は「高学年に上がる前に支援学級になったら、通常の中学校にも、高校にも進学もできなくなるのではないか」と不安に思われたようです。

こんなケースもあります。

「今は支援学級にいるけれど、普通の高校に行きたいと思った時、進学できるのか。このまま支援学級にいて大丈夫なのか」と相談に来られた方もいました。

そこで、私はこうお答えしました。

「普通の高校に行かせたいのであれば、通常の学級に戻すように頑張ればよい。でも、もし通常の学級に戻れなかったとしても、あきらめる必要はありません。私たちのような高校であれば、支援学級の子でも受け入れますよ」

つまり、見学や相談を通じて、先の見通しが明確になると、不安もなくなり、今やらなければならないことがわかってきます。

中学校一年生の場合もそうです。

学校見学はまだ早いかな、なんて思うことは決してありません。

極端な例かもしれませんが、通知表がオール1だとしましょう。

当然、なかなか入れる高校が見つからないわけですね。

ところが、通知表がオール1でも受け入れてくれる学校がある。

それが特別な高校であり、グロー高等学院もその一つです。

あるお母さんは、普通の高校に行かせるために、一カ月八万円くらい払って塾へ行かせていたそうです。

でも、子ども本人はそんな塾には行きたくないと言っている。

それはそうでしょう。月曜日から日曜日まで休みなく毎日が塾ですよ。

本人は、学校に行きたくない、塾にも行きたくないのに追い詰められて、不登校気味になってしまっていました。

お母さん、そんなことしなくてもよいのです。

グロー高等学院／明蓬館高等学校ＳＮＥＣでは高校に入学してからしっかり、小・中学校の勉強から復習しますから、大丈夫です。

今、お子さんがつまずいているところを無理なく勉強し直すことができる。高校でも、今課題になっている学習が復習できるのであれば安心ですね。

私と明蓬館高等学校との出合い

ここで明蓬館高等学校ＳＮＥＣとの出合いをお話ししましょう。

実は私は、前の会社で別の通信制高校の運営に携わっていました。

ところが、この通信制高校は「障害のある子は受け入れない」という方針でした。ここは地元の私立の学校法人が運営する通信制高校だったので、障害のある子を入学させるということには抵抗があったようです。

そこで、私は「障害のある子や不登校の子を、もっと受け入れられるような高校はないものか」と考え始めました。

そんな時、三重県鈴鹿市で「鈴鹿欅高等学院」を経営する岩田社長と知り合う機会を得ました。鈴鹿欅高等学院の本校は明蓬館高等学校であり、障害のある子でも受け入れられるカリキュラムで運営されていることも知りました。

それともう一つ。私たちは放課後等デイサービスの運営もしてきたのですが、中学校になった時に「障害者手帳をもっていなくて、支援学校の高等部に入れない」という壁に当たる子がいたのです。その子の保護者は悩みを抱えていました。

「支援学級で勉強が遅れているから、普通の高校に行けない」

「でも、いじめがはびこるような劣悪なレベルの高校には行かせたくない」

そんな行き先のない子たちが、放課後等デイサービスの中に出てきてしまったのです。

その時、「これは、しっかりと受け入れられる受け皿を、自分たち自身でつくらなければならない」と思いました。

その思いが「明蓬館」との出合いにつながるわけです。

そして、明蓬館を創設した日野公三校長先生の志を知り、品川の学校へ見学に行った際、生徒へのかかわり方や先生とのつながり、生き生きと活動する生徒の様子を見て「この学校だったら、私が岐阜・愛知でやっても、行き場のない子どもたちの受け皿がつくれる」という確信がもてたわけです。

私は三〇年近く特別支援教育の道を歩み、さまざまな現場を見てきましたが、ここまで衝撃を受けた学校はありませんでした。

心の底から湧き出すようなやる気、やり抜く自信がもてた初めての出合い。

それがこの明蓬館高等学校ＳＮＥＣだったのです。

グロー高等学院の開校

母体が建設業という強み

続けて、明蓬館高等学校ＳＮＥＣのサポート校であるグロー高等学院を愛知県江南市に開校するまでの軌跡をお話ししましょう。

実は私たちグロー高等学院の基の会社は、株式会社エコプロジェクトという建設業を本業とする会社が親会社となっています。

ですから、建物の改築にかけてはプロ中のプロなのですね。

そこで、グロー高等学院を創るにあたって、会長と社長がまずはじめに取り組んだのは、理想的な建物を探していろいろな施設を見てまわることでした。

そして良い物件に出合い、大きな教室や小さな教室、学生食堂、和室、広々として衛生的なトイレ、屋上などの改築が終わり、本当に立派な学校施設が完成しました。

通信制高校のサポート校というと、小さなワンルームを使うところが多いのですが、三階建てのビル一棟をそのまま借り切って、六〇人まで入れる教室も備えた個別対応可能な通信制高校が完成しました。

私は、その建物を見た瞬間、とても感銘を受けました。

そして、中に一歩入ると、室内がとても美しくて綺麗、そして広いのです。「この学校なら通いたい」と思える学院が誕生しました。

優秀な教員を集める

二つ目は「人」です。

本当に立派で素敵な建物を造ってもらえましたが、中身、つまり人材が伴っていなければ意味がありません。

そこで私は、自分の伝手《つて》をたどって、元教育長の先生、元校長で公認心理師に合格した先生、地域の学校で教頭だった先生、長年にわたり支援学級で教えてこられた先生に声を掛け

専門の先生が個別学習中心に基礎から指導

ていきました。設立に共感してくれた先生方をしっかり集めることで、グロー高等学院の教育体制をつくっています。

教師の専門性と経験は非常に重要です。

急拡大する通信制高校業界では、運営に必要な人材を学生のアルバイトやパート職員に頼る学校が、残念なことに少なからずあります。そこで国は、通信制高校には教員免許をもった人を入れるように指導しているのですね。

本校では、ほぼ全員が教員免許や専門資格をもった先生で構成されています。

素晴らしい建物、設備と優秀な人材が揃えば、後は指導内容ですね。

PCに慣れる機会を大切にしている

心理士（師）が発達検査も実施

明蓬館高等学校ＳＮＥＣの指導内容

ここで明蓬館高等学校ＳＮＥＣ高等学校の指導内容について説明しましょう。

明蓬館高等学校ＳＮＥＣというのは、文部科学省ではなく、内閣府特区型として認められた学校です。そのため、一般的な通信制とは違う括り、思い切った学習内容を組むことができることが強みなのです。

たとえば、「マイプロ」と呼ばれる学習成果物。これは個々の生徒が自力で積極的に学び、喜びに繋がる学習方法です。

さらに、小・中学校の復習が無理なくできるカリキュラムで、高校数学入門、高校国語入門、高校英語入門など、学校オリジナルの「学校設定科目」をもつことが可能なので、学び直しができることも大きな特徴だと思います。

グロー高等学院の特徴とは何か

次は、明蓬館高等学校ＳＮＥＣのサポート校であるグロー高等学院の特徴をより詳しく紹

グロー高等学院は学食有・交流の場

介しましょう。

私たちの学院では、学力のみならず、子どもが生きていくうえで重要な生活リズムを大切にしていきたいと思っています。不登校や支援学級の子が高校を卒業した後、毎日、社会に出てしっかり働けるようにしたいわけです。

そこで、まず大切にしたのは「自校給食」です。私たちの会社はなんと、社長が調理師なのです。社長自らがその特技を活かして、毎日手作りで一〇〇人分近い昼食を用意しています。しかも、一食は三〇〇円（税込み）で牛乳付き（令和五年度）です。

笑い話ですが、「給食だけ食べに学校に来ます」という子まで出てきました。

今まで昼食にカップラーメンばかり食べてい

たその子が給食を目当てに登校した時、こう声をかけました。

「学校へ来たついでに、プリントやっていくか？」

すると、「うん、やる」

そんなきっかけから、学校に通えるようになった子もたくさんいます。

実はこうしたことがとても大事なのです。

楽しい行事（海洋学習・パンづくり）

二つ目、私たちのグロー高等学院ではさまざまな体験も大切にしています。

実は、社長も私も船舶免許をもっています。

年に一回、海洋学習としてジェットスキーやバナナボートでマリンスポーツに親しむのが恒例。ほかにもみかん狩りやイモ掘り、パンづくり教室など、家の中ではできないさまざまな行事を仲間と一緒に経験できるようにしています。

特別な割引システム

さらに、特別な割引システムがあります。

明蓬館本校を対象にした国の就学支援金のほか、グロー高等学院では独自の世帯年収に応じた割引や遠方から通う子の割引、お子さんの多い家庭を対象にした多子世帯割引、障害者手帳をもっている子どもを対象にした療育割引などを用意しています。

少しでも家庭の負担が減るように特別な学費の割引も行ないながら、一般的な通信制高校の半額程度の負担で通えるようにしています。

見学者や体験者からよくある質問

授業料について

学校見学や体験入学でよくある質問の一つ目は、授業料についてです。

通信制高校のサポート校に通う場合、学費を二カ所に払わなければなりません。

具体的には、明蓬館高等学校の本校と私たちのグロー高等学院（サポート校）のそれぞれに授業料を支払う必要があるということです。

そういう意味で、学費が高くなるのは通信制高校の運営システムの特徴かもしれません。

ただし、前述した通り、明蓬館本校には就学支援金が適用されますし、グロー高等学院に

通信制でも少人数で集まって行なう授業もある

も独自の割引システムがあるので、保護者の実質負担を抑えることができています。

卒業後の進路について

二つ目は卒業後の進路についてです。

大きくは、就労する子と進学する子に分かれます。

もし、就労ができなかった場合についても、「就労移行支援事業」を行なっている団体と連携して、その子が一八歳以降、就労できるように引継ぎを行なうようにしています。

登校について

三つ目は、登校についてです。

グロー高等学院は、月・火・木・金の週四日

サポート校の教室内の学習の様子

一人に一つ個別の席が与えられる

間が登校日。各日三時間授業を行なっています。

そして、水曜日や夏休み、冬休みは自主登校日になっています。登校日の月・火・木・金に登校しなかった子たちが補習できるように、自主登校日として学校を開けています。

個別対応について

さらに個別対応について。

少人数でやる授業もありますが、一人ひとりの実態に応じて完全な一対一の個別指導も受け付けています。ただし、完全な個別対応ができるのは、一学年に五人まで。別途料金は発生しません。個別対応を希望されているなら、先生が足りなくなってしまいますので早めに問い合わせしていただきたいと思います。

補習の充実

四つ目は、補習の充実についてです。

一般的な通信制高校は夏休み一カ月、冬休み二週間、春休み一カ月というスケジュールのところが多いと思いますが、グロー高等学院の夏休みはわずか四日間。お盆の時期だけです。

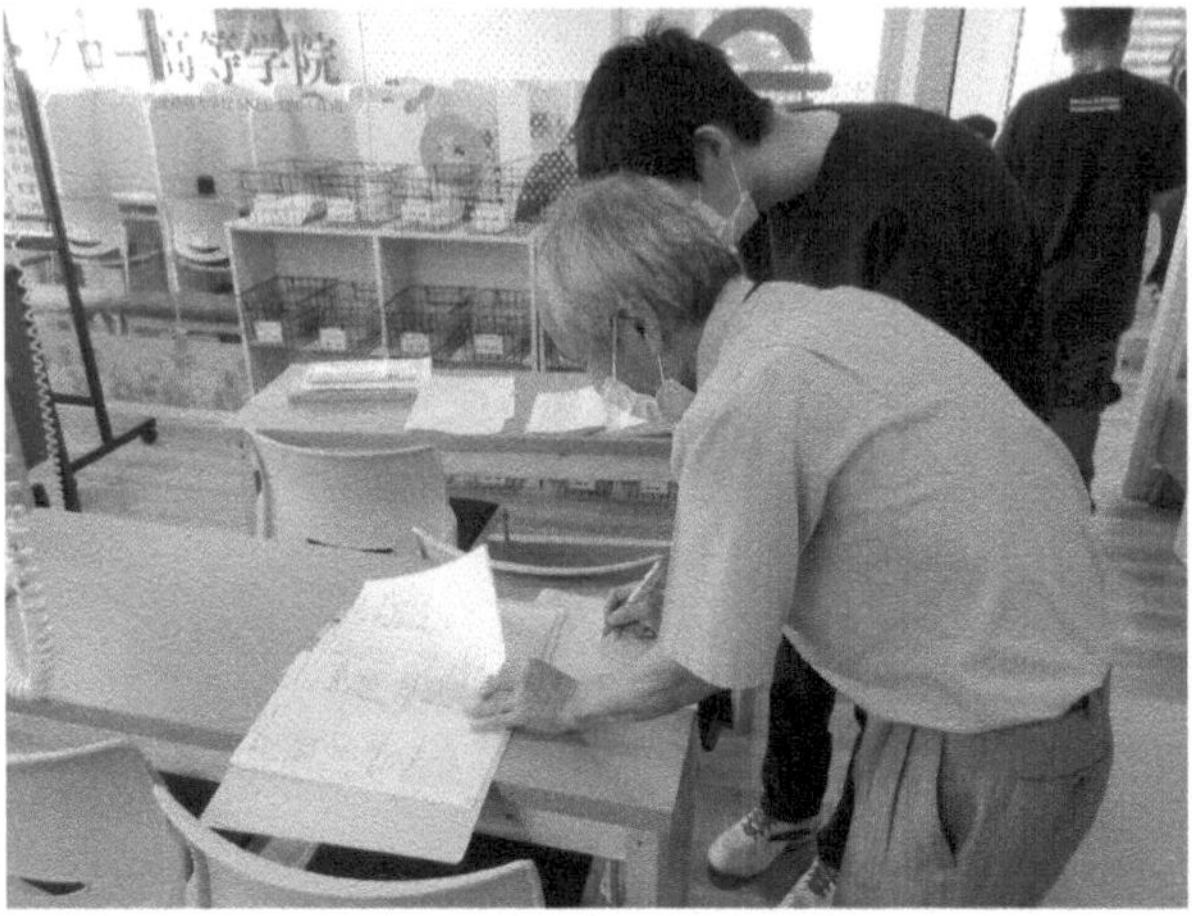

提出前は丁寧な見届けがあるから安心

授業のない水曜日も含め、残りはすべて自主登校日になっています。

もし、登校できなかった日があったとしても、自主登校日として補習日が十分設定してあるので、マイペースで補強することができます。

さらに、グロー高等学院には午後からスタートする「放課後等デイサービス」が併設されています。

その子の実態に応じて受給者証を取って、放課後等デイサービスを利用することで一七時までさまざまな個別の支援や療育が受けられるようになっています。通信制高校と放課後等デイサービスがセットになっていることは、グロー高等学院の大きな特徴と言えるかもしれませんね。

通信制高校でも絶対にやらなくてはいけないことはある

通信制高校でも必ずやらなければならないことがあります。

スクーリング（単位認定に必要な義務登校）

一つはスクーリングです。

本校である明蓬館高等学校は、四泊五日の北九州への合宿スクーリングに参加することが卒業の条件になっています。本校は大自然にあふれた福岡県田川郡川崎町にあり、グロー高等学院でも本校を年一回訪れ、四泊五日のスクーリングを行ないます。

この合宿スクーリングだけは毎年参加しなければなりません。行けない場合には単位が出なくなってしまいます。

親元を離れた環境で四泊五日を経験することは、将来、自分で生活する力を育てるために必要な経験になります。

ちなみに、スクーリングは通信制高校に共通する独特な制度ですが、学校によってさまざまなやり方があります。

ですから、通信制高校を検討する際には、スクーリングの内容や目的をしっかり確認しておく必要があるでしょう。

定期テスト

続いて定期テストです。

実は、以前の通信制高校は定期テストを必ずしもやらなくてもよかったのです。

ところが、通信制高校が乱立する中で、文部科学省から高校としての質を保つために「定期考査はやるように」と指示が入りました。

そこで、明蓬館高等学校でも定期テストの日程や時間を決め、試験官がいる中で、定期テストをしっかり受けなければならなくなりました。

集団が苦手という子の場合、別室でテストを受けることは可能ですが、試験を受けなければならないことは変わりません（令和六年度からはスクーリング最終日に実施）。

ネットを使ったビデオ学習の様子

ビデオ映像受講とレポート（成果物）

三番目は成果物について。

普通の高校は教室内で授業を受けていればよいわけですが、通信制高校の場合は、ビデオ録画を視聴するメディア授業の受講、その後のレポートや小テストのウェブ提出が必要になります。

ただ、これも通信制の良いところですが、メディア授業はスマホやタブレットを使って、いつでも見られますし、途中で自由に一時停止することもできます。

普通の高校の授業ではこうはいきませんから、映像視聴型の授業というのは、特別支援が必要な子たちに合っているのかもしれません。

成果物は、ワークのような問題集を提出してもよし、自分なりにまとめた自由研究的なものを課題を決めて出してもよし、自由度はとても高くなっています。大切なことは、その子に合った学びの足あとがしっかりと形になっていることなのです。自分で作成してまとめた動画やパワーポイントを提出して認められた生徒もいます。

第5章

高等学校卒業後の世界を考える

就労について

自社による採用

先ほど、グロー高等学院の母体は建設業を営む株式会社エコプロジェクトだとお話ししました。

建築関係の仕事で、たとえば現場で重機を動かすとか、事務仕事なども含め、そうした仕事がやりたいという子がいれば自社採用もできます。

また、グロー高等学院では放課後等デイサービスも開設していますし、グループホームもある。これらの職員はもちろん、給食などもやっていますから調理補助したい子など、何人かを自社採用することも可能です。

加えて、エコプロジェクトはその仕事柄、地域のさまざまな企業とのつながりもあるので会長や社長の人的なつながりの中から、さまざまな地域の就労先をあっせんもできるのです。

連携する企業による採用

二つ目は、連携企業への就職です。

たとえば、グロー高等学院のある愛知県江南市にほど近い愛知県犬山市に、株式会社ココトモファームというバウムクーヘンで有名な会社があります。

HP:https://www.cocotomo-farm.jp/

ココトモファームは、もともと米農家から出発した会社ですが、自社の田んぼで栽培した米を米粉にしてつくるバウムクーヘンが農林水産大臣賞を受賞。東海地区を中心に一〇店舗を展開しています。

こちらの会社とは著者は長い付き合いをさせていただいて、グロー高等学院卒業生の中で就労する子もいます。

業務内容はバウムクーヘンを扱う仕事でもよいし、農業でもよい。

このような、学校と関係ある企業への採用というケースもあるのです。

就労先が見つかるまでフォローする

ほかにも、一般的な方法として、ハローワークを経由した紹介も行なっています。普通の高校は高校の卒業証書はあげるけれど、「就職は自力で見つけてください」というところが多いものです。

グロー高等学院の場合は、自力で見つけてきた子は当然祝福します。その一方、なかなか就労先が見つからない子には、前述の佐賀県立厳木高校と同様、会社紹介も含めて、就職支援をしっかり行ない、フォローをしています。

就労移行支援事業と就労定着支援事業の活用

就労に関しては、就労移行支援事業、就労定着支援事業の活用もあります。

今、たくさんの大人が、引きこもりやニートという状態で働けずにいます。生活介護や生活保護の受給者も増加している中、国は就労移行支援に力を入れています。

これは何かというと、一八～六五歳までの人を対象に、最大二年間まで就労訓練をしてく

ニート・引きこもりを含む若年無業者（15〜44歳）の推移

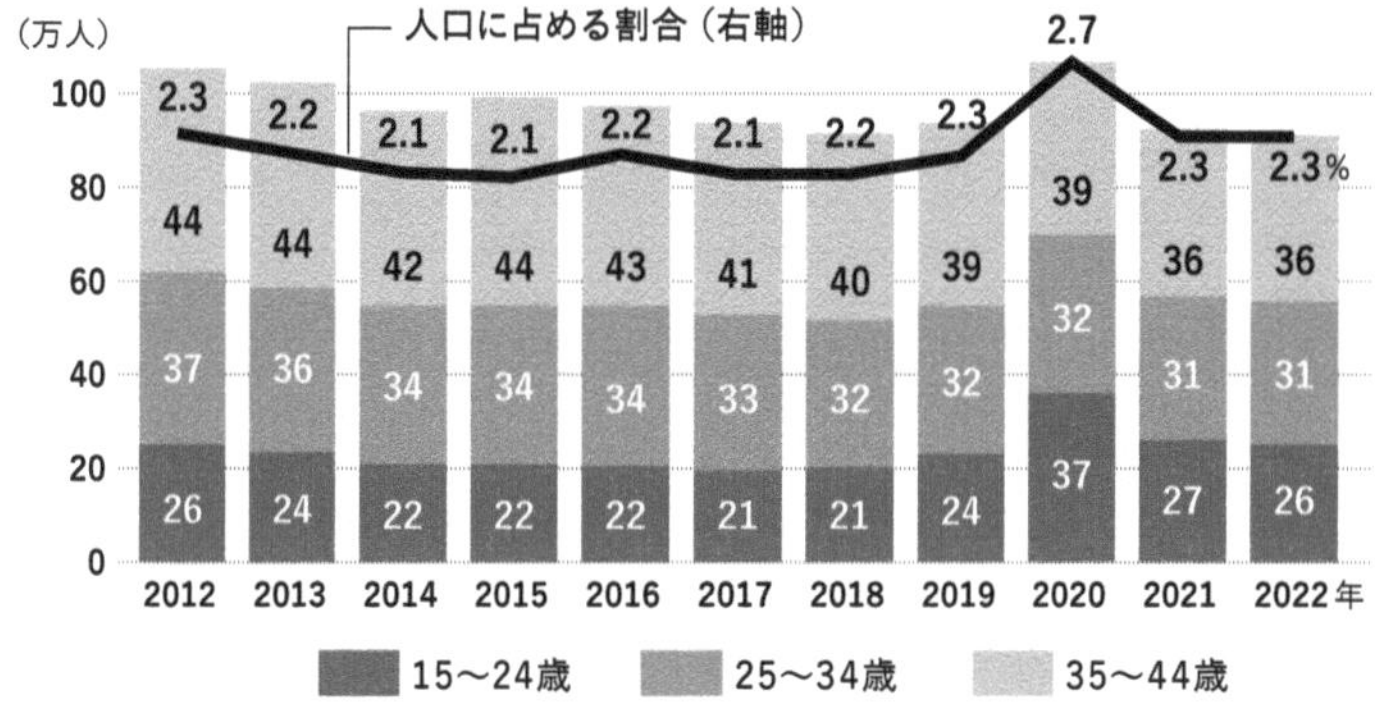

出典：校正労働省「労働力調査（基本集計）2022年（令和4年）平均結果の概要」をもとに筆者作成

れるのですね。六五歳まで使えるということは、定年を迎えた後の就労にも使えるということです。「なぜ、その人が仕事に就けないのか、続かないのか」それらをしっかり分析して必要な訓練をし、その人に合った就労を勧めてくれるのです。

国の施策は就労移行支援だけではありません。

二〇一八年、就労定着支援事業が始まりました。これは一度就職した子がすぐに会社を辞めないように、ジョブコーチが、親代わりとなって就職先までついていってくれる制度なのです。

就職先の会社の人も支援を受ける本人も、「ジョブコーチがいなくてももう大丈夫、働き続けられますよ」となるまでフォローしてもらえるのです。

最近、この就労移行支援事業と就労定着支援事業がものすごい広がりを見せています。

今、障害のある子を就労させようとすると、企業の方から「就労定着支援事業を使っていますか?」と聞かれることがよくあります。

というのは、就労定着支援事業を使っていない子を採用すると、自社でその子を基本的なことから教育しなければならないからです。

つまり、企業にとって指導や教育の人件費のコストもかかってしまう。

ところが、「就労定着支援事業を使っています」となると、ジョブコーチが企業の負担なしで就労が安定するまでの手伝いをしてくれるわけです。

採用する側の立場であれば、とてもありがたい制度ですよね。

ですから、今、採用の条件として、「就労定着支援事業を使っているかどうか」が結構問われるようになっています。

もちろん、ジョブコーチがいなくても、もともと一人でしっかり働けるという子は、そのまま採用面接や試験に向かえばよいと思います。

しかし、ちょっと手がかかる心配な子は一度、就労移行支援と就労定着支援を介在させることで、就労に向けて進んでいくというのが今のスタンダードになってきています。

就労支援を行なっている団体や会社が数多くある中で、私が今、一番お付き合いしているのが全国で展開している「アクセスジョブ」という就労支援事業所です。

このアクセスジョブは、就労移行支援と就労定着支援をセットにした、手厚い就労支援をしているところです。

ぜひ、ホームページを閲覧してみてください。

アクセスジョブ HP : https://www.accessjob.jp/

専門学校や大学進学

続いて、グロー高等学院から専門学校や大学へ進学するという場合です。

私が学生の頃は、「受験戦争」と言われた時代で、とにかく勉強、勉強また勉強。テストの点数、偏差値がすべてという時代でした。

ところが、皆さん、ご存じでしょうか。

昨年、ついに高校三年生の人数より大学生募集人数のほうが多くなってしまいました。

つまり、今は大学を選びさえしなければ、全員入学できる時代になってしまったのです。

国が大学設立の認可を出し過ぎてしまったのですね。

そうした中、大学は今、生き残るために必死です。

少しでも良い学生を、いや本音を言えば、四年間しっかりお金を払い続けてくれる学生を獲得したいという発想に変わってきたのです。

そのため、最近では受験結果だけで学生を落とすところが減りました。

指定校推薦では通信制高校が有利

大学入試で流行ってきているのが「指定校推薦」という選択方法です。

各高校に枠があって、「ある一定の成績プラス校長先生の推薦があれば入れるよ」というものです。

その制度枠が増えることは、通信制高校の学生にとっては有利なのです。

なぜか。指定校推薦で多くの大学が条件としているのは、五段階評価でオール3以上、場合によっては4・2以上が条件になっています。

普通の高校の成績で4・2以上の評価とは、これ、なかなかに厳しい基準です。

ところが、通信制高校はほかの高校と評価の仕方が違うので、ほぼオール3以上の通知表。

私、通信制高校にかかわって五年になりますが、2がついた子はまず見たことがありません。ちょっと頑張れば4以上はすぐに取れます。

そうした中で、この通信制高校で4・2以上の内申点を取って指定校推薦、場合によっては総合型選抜（旧AO入試）のようなスタイルを味方につけて、大学にパスする作戦は「あり」だと思います。

さらに、私、ある私立大学の入試担当者と話をしたのですが、この大学では4・2以上だと入学金が免除、授業料は半額になるそうです。

これは大きいですよ！

そうした理由で、私は今、通信制高校に通っている子に「大学に行くつもりある？」と聞くようにしています。（当然、本人の将来を十分考えたうえで）

受験

私は、本人が大学に行く意味をしっかりもつことを大事にして、進路指導をしています。

そして、大学受験を希望する子に対しては、受けたい大学の受験科目を早期から調べて、集中的かつ効率的に教えるように工夫しています。

つまり、単位だけ取ればよい授業と、受験科目とでは教え方が変わるわけです。

たとえば、受験科目については単位を取らせるだけでなく、過去問題集、いわゆる赤本などを上手に成果物などに組み入れて、取り組んでもらうようにしています。

七四単位がグロー高等学院卒業に必要な標準単位なので、受ける大学によってはプラスアルファの学習を必要とする場合もあります。

たとえば、航空宇宙学をやりたいとか、理系の学部などを狙うのであれば、数Ⅲをしっかりやらなければならないとか、いろいろ課題が出てきます。

そういう場合には、プラスアルファの「単位のおかわり」となるわけです。

一八歳までに考えておきたい特別支援の三種の神器

皆さん、お子さんを高校に入れるだけで頭いっぱいかもしれませんが、実は「一八歳までには考えておきたい」特別支援の三種の神器というのがあります。

一八歳の成人までに、次の三つの準備はしておいてほしいと思っています。

実印登録

一つ目は実印登録（印鑑登録）です。

実印登録は、一八歳を過ぎると親が代理申請をすることができないので、本人が申請しなければならないのです。

たとえば、親に万一のことがあった時、遺産相続で実印が必要になります。

実印がないと、遺産分割協議に必要な手続きが取れないのですね。

となると、あわてて実印を登録したり、遺産分割協議の書類を整えたりするだけでも、時間がかかってしまう。いったん登録した実印は後から変更できるので、まずは一八歳までに実印登録だけは済ませておくとよいと思います。

貯金通帳を二冊もつ

二つ目は本人名義の預金通帳をつくってください。

しかも口座を二つ、預金通帳は二冊です。

なぜ、預金通帳を早期につくらないといけないのか。

私、仕送りとして、子どもの通帳にお金を少しずつ振り込んでいるのですが、ちょっと印鑑が欠けてしまったので、私が印鑑変更しようとしたら「本人を連れて来てください」と銀行で断られてしまいました。

そうなのです。成人、つまり一八歳を過ぎたら、本人でないと通帳をつくったり、印鑑を変更したりという銀行手続きができなくなるのです。

手続きの際は、銀行にある所定の書類の枠内に諸々書き込まなければなりません、言い換えれば、一八歳になった時、「お子さんが自力で銀行へ行き、通帳がつくれるか」ということです。

そうしたことを考えると、子どもが成人になる前に親が通帳をつくっておいてあげることが大切です。一八歳を過ぎてからは、親が代筆することは許されていません。

それにしてもなぜ、通帳を二冊つくる必要があるのか。

障害のあるお子さんは、基本的に通帳を一つしかもっていないことが多いのですが、これは非常に危険です。

先日、佐賀県のあるグループホームが保管・管理していた利用者のお子さんの通帳から、三〇〇万円近くのお金が無断で引き出されるという着服事件がありました。

利用者の親の遺産が入っている通帳をグループホームにまるのまま預けたら、キャッシュカードで毎日五〇万円ずつ引き落とされて、犯人の従業員は逃げてしまった。

こうしたリスクに対応する方法として、通帳（口座）を二つつくっておくこと。

一つは、グループホームや施設に預ける通帳として、生活費や当座資金程度の数十万円か数百万円の少ないお金を入れておくにとどめる。二つ目には遺産などの大きなお金を入れる口座として、成年後見人や弁護士など、法律のプロなどに管理してもらう。

こうしておけば、万が一、お金を無断で引き落とされたとしても被害が限定的になるわけです。実際、毎月のようにグループホームや施設などで、金銭の横領事件などが発生していますから、自己防衛しておくことが重要です。

マイナンバーカード（写真付き身分証明書）

三つ目は、マイナンバーカードをつくることです。

今、国会でマイナ保険証との一体化など、いろいろと問題視されていますが、私がなぜ、あえてマイナンバーカードをつくるとよいと言うのか。

先日、薬局へ行って薬を買う時、「写真付きの公的身分証明書を出してください」と言われました。身分証明書の提示を求められたのですね。

いわゆる定型発達の人の場合は「運転免許証」が写真付きの公的身分証明書になることが多いと思います。

しかし、障害のある人で自動車運転免許をもっている人は少数派です。

写真付きの身分証明書というと、「障害者手帳」ということになります。

つまり、事あるごとに障害者手帳を他人に見せなければならないことになるのです。

ですから、マイナンバーカードなのです。

マイナンバーカードは、公的な写真付き身分証明書になります。

課題はありますが、将来、いろいろなサービスを利用していくことを考えると、マイナンバーカードをつくることは、大事になってくるのではないでしょうか。

障害者手帳を取得するかどうか

そして、今後、障害者手帳を取得するかどうかについてです。

障害者手帳には「身体」「療育」「精神保健福祉手帳」の三種類があります。

私は、将来、障害者就労の割合は増えていくだろうという見通しをもっています。

そのためにも、障害者手帳をもつメリットとデメリットをしっかり考えておくこと。

「この子にとって手帳取得はメリットになる」と判断するなら、早めに取得しておいてください。

現在、障害者雇用促進法に定められた令和五年度の障害者雇用の割合は、一般企業に対しては二・三％以上、行政二・六％以上、教育委員会は二・五％以上と定められています。

つまり、一般企業が二・六％以上の障害者雇用ができていなければ実質的に罰金になります。この雇用割合が国会の議題になっていて、一般企業の現行二・三％以上の雇用割合を今後四年間かけて二・七％以上、行政は三・〇％（教育委員会は二・九％）以上にしようという法案が提出されることになっています。

国というのは上手なのですね。

雇用割合を増やすことによって、クリアできない企業から罰金を集めれば障害者雇用促進予算の財源になる。

障害者雇用を増やしながら、財務バランスを取ろうとしているのです。

もしかすると、今後、二・三％が二・七％になり、いずれは三％、四％と増えていくかもしれません。

しかし、ここで問題になるのは、一企業の業務上の事情です。「そもそも、特別支援を要する子を働かせる仕事がない」ということです。そこで――

増加する特例子会社で働くという選択

ここで、皆さんに知っておいていただきたいのが「特例子会社の設立」による障害者雇用です。「特例子会社」とは、障害者の雇用促進と安定のため、雇用にあたって特別な配慮をする子会社のこと。特例子会社を設立して、そこで障害者を雇用すれば親会社を含む、企業グループ全体の障害者雇用の実雇用率に算入することができます。

今後は、B型やA型作業所ではなく、安定して多くの賃金がもらえる「特例子会社」を国も推進していく方向です。つまり、障害者雇用の促進と安定のために、障害者の雇用にあたって特別な配慮をする子会社をつくれと言っているわけです。

さらに、障害者雇用割合が二・三%、二・七%、三%とどんどん上がっていけば、もう企業は雇用割合まで雇えなかった罰金を払ってやり過ごすのではなく、障害者をどんどん雇っていく方向へとシフトしていくだろうと考えています。

たとえば、ある生命保険会社が特例子会社としてクッキー工場を設立しました。保険会社の業務の性質上、障害者はどうしても雇いにくい。

それなら、国の特例子会社制度を活用して障害者に働いてもらえる子会社、仕事をつくろうというわけです。この生命保険会社では、そのクッキー工場で障害者がつくったお菓子を顧客への粗品として渡し、営業に使っています。

就労移行支援のB型とかA型とか、国の助成金なしでは成り立たない仕組みに頼らず、一般企業の中でどんどん雇用機会を生み出し、一般就労者として生活できる安定的な収入を得ることは、保護者や子どもたち本人の願いともつながっていきます。

そして、一般就労が叶った暁には、しっかり税金を納めてくれる労働者になる。国としても、よりよい経済の循環システムになるのです。

これから特例子会社はどんどん増えていくでしょう。

たとえば、自動車工場内にできたクリーニング工場、工場の中のうどん屋さん。それに清掃作業をする特例子会社もあります。

そうした特例子会社と同じ地域にある特別支援学校が「清掃班」や「クリーニング班」な

どを設け、すぐに就職できるように事前に訓練する取り組みもあります。

特別支援学校と地域企業の特例子会社がタッグを組み「新入社員養成」を行なう。そうすれば、雇った後、一からクリーニングや清掃などの技術を教えなくても基礎ができている。何も下地のない子を一から社員に育て上げるのは大変ですからね。

特別支援学校にとっても、地域の就労先として特例子会社があることがわかっていれば、教え甲斐があるというものです。

終章

一八歳以降の出口を見すえて、これから何をするとよいのか

まずは、お子さんに合った進路は何かを考える

前々著（『特別支援が必要な子どもの進路の話』WAVE出版）でも述べましたが、お子さんの進路を考える場合、一八歳の出口からの逆算方式で考えていただきたいのです。

つまり、社会に出る時、この子は障害者として生きていくのか、それとも健常者として生きていくのか。あるいは、障害者手帳をもっているけれど、学歴を取らせるのか。

大きく、この三つの分岐があることを著書の中で紹介しました。

高校や大学に行って学歴を得るのであれば、やはり、大学に行けるような学びをさせなければいけません。学歴より、障害者としてしっかり生きていける力をつけさせたいというのであれば、中学校卒業後、特別支援学校の高等部に進学することが一般的です。

私はしばしば、ロケットの発射に例えて考えます。

ロケットには、必ず着地点がある。どこに着陸するかを決めてから発射します。

無計画に発射させてしまうロケットなんてありません。

着地地点が明確にあるからこそ、どんな発射角度で、どんな推進エネルギーを与えるかが

決まるわけですね。

よくないのは、打ち上げるロケットの軌道が低すぎること。いったん低く打ち上げたロケットを、途中から急に高い軌道に変更することは難しく、高い目標に着地するのはまず不可能です。

もう一度、考えてみましょう。

我が子は障害者手帳をもち、障害者として生きていくのか。

としたら、基本は支援学校へ進むという選択になります。

ところが、支援学校では基本的に高校卒業資格は取れないのですね。

「いや、ウチの子は障害者手帳をもっているけれど、高校卒業資格は取らせたい。将来は公務員試験を受けさせたい」のであれば、本書で紹介した特別支援が必要な子を受け入れてくれる高校を選択する方法があります。

一方、「障害者手帳をもっていない」のなら、通常の学級から普通の高校へ行くという方法もあれば、特別支援が受けられる高校に行くこともできます。

いずれにしても、「大学に行けば幸せになれる、高校へ行けば幸せになれる」というものではないということは、先生方も保護者の皆さんもわかっているはずです。

大学に行くことや高校に行くことが目的なのではなく、何のために高校に行くのか。将来、どのような生活や就労を見すえているのか。

このことを、早くから考えていくことが大事になってきます。子どもたちの出口と将来を見すえて、今の進路を選択していくことが大事になってくるのです。

早くから見学体験し、七つの観点で学校を選ぶ

今、受験しようとしている、あるいは中学卒業後に入学させたい学校を、どのような観点でとらえ、見ていけばよいのか。そして決定していくべきか。

次の七つにまとめてみました。

一つ目、どんな入学試験があるのか

前述の通り、面接だけの学校もあれば、学力試験があるところもあります。

それによって今から取り組みが変わってきます。まずは、試験の中身を確認することです。

二つ目、進級、卒業の条件は何か

期末テストがあるかどうか、どれくらいの単位を取らなければならないのか。

三つ目、その学校の先生の専門性

どんな資格をもち、能力に長けた先生がいるのか、子どもに理解のある先生がいるかどうか。そして、その人数は何人なのか。

四つ目、出席日数がどれくらい必要なのか

全く登校しなくてもよいのか。スクーリングや期末テストは出なければならないのか、出席日数がどれくらい必要なのか。入学してからわかるのでは遅いので、入学前に確認しておきたいもの。スクーリングのあり方も学校によってさまざまです。

五つ目、少人数、個別対応をしてくれるかどうか

「個別対応をしてほしい」とお願いしたら、「プラス三万円」と言われたとある保護者が嘆いていました。多くの通信制高校は、少人数が基本。個別指導だと追加料金が必要になる場合があります。中には「個別はやりません」というような通信制高校もありますので、指導方法について、学校を決める前に確認しておきましょう。

六つ目、卒業後の進路や就労の面倒を見てくれるのか

多くの高校では卒業証書は渡すけれど、卒業したらそれっきり。後は生徒と親まかせ。こういう学校も多いと聞きます。卒業する時になって慌てるのではなく、入学前から卒業後の面倒を見てくれるのか。しっかり約束を交わしてから入学したいものです。

七つ目、卒業までにいくらお金が必要なのか

入学が決まったとたんに「パソコンを買ってください」「制服を買ってください」と、あれよあれよとお金がかさむケースがあります。入学を決めた、その状態になってから、「あれ買ってくれ、これ買ってくれ」では、困ってしまいますよね。

この学校に入ったら、何を買わなければならないのか。卒業までにトータルでいくらお金がかかるのか、入学前にしっかり確認しておくことをお勧めします。

以上、七つの観点を踏まえ、中学卒業後の学校選びをしてください。

最低限の学力を身につけること

次は、最低限、身につけるべき学力についてお話しします。

私は日頃から、「学力よりも、社会性や適応能力が大切」ということをお話ししていますが、高校に行きたいのであれば、やはり最低限の学力は必要になります。

先日、グロー高等学院に、「どうしても高校卒資格を取りたい」というお子さんが保護者と一緒に相談に見えました。

ところが私、このようなことは初めてだったのですが、入校をお断りしました。

なぜなら、足し算ができない。引き算ができない。

ひらがなが書けないのです。

お母さんに申し上げました。

「ごめんなさい。ここは高校なのです」

いくら小学校や中学校の学び直しができる高校といっても、足し算や引き算ができない、ひらがなが書けないようでは、やはり難しいのですね。

最低限の学力はどうしても必要になるのです。

小四の基礎学力

一般的には、こう言われています。

通信制高校、特別な高校に入れたいのであれば、小六から中一の基礎学力はほしい。就職率の高い、レベルの高い特別支援学校がありますが、ここは大体、小学校四年生程度の学力テスト問題が出ます。

つまり、学力というロケットの着地地点、出口はもう決まっているのですね。

中学校三年生の段階で小学校三年生の学力がなければ、障害の重い子たちが通う通常の支援学校に通って、まずは生きていくために必要な力をつけることになるでしょう。

中学校三年生で、もし小学校四年生程度の学力があれば、レベルの高い、就職率の高い高等支援学校の受験にチャレンジできます。

小六〜中一の基礎学力

小学校高学年から中学校一年生ぐらいまでの基礎学力があれば、特別な高校に入ってからの学び直しが可能。これが一般的な、身につけてほしい学力の目安です。

しかし、この学力を身につけることは、学校だけでは難しいものです。

たとえば、支援学級は一人の担任で最大八人の生徒を見ています。

一人の先生が、学年や障害の違う八人の生徒を見て、それぞれに合った勉強を教えるというのは、事実上は難しいのですね。

学校の先生はまじめなのですよ。

自分で教えて、この子には学力を身につけさせられないと思うと、責任が重く感じられてはじめから教えることをやめてしまうことがあるのです。

だから、先生がまず教える。そしてその後で、家庭や放課後等デイサービスでしっかりと習熟させるという方法があることを提案していくことが有効です。

それを担任の先生に話せば、安心して学習を進めてくれるはずです。

このようなことをしっかりと、個別の支援計画を立てて意図的、計画的、継続的に療育していくことが大事になってきます。

学校、家庭、医療、福祉が一体となって子どもに力をつけていくのです。

私たちが運営する放課後等デイサービスは、学校同様に個別の支援計画をつくっています。学校と放課後等デイサービス、学校と福祉が別々の計画を立てるのではなく、連携協力し、子どもに力をつけていく支援計画を立てることが大事ではないかと思います。

さらに、今お子さんが療育に通っているのであれば、ただ遊んでおやつを食べるのではなく、しっかりと学力も含め、力をつけていく。

そんな療育を行なっている施設を利用してほしいものです。

学力よりも適応能力や社会性が重要

私が教育委員会に勤めている時の経験です。

年長の保護者の方がよく「ウチの子は計算ができます」「ウチの子はひらがなが書けます」とおっしゃいます。

ところが、教育委員会が支援学校か通常の学校かを判定する時は、学力の前に「身辺自立」

という社会性や適応能力が身についているかどうかを重視します。

なぜなら、支援学校は担任が二人いるのですが、支援学級は担任は一人なのです。

たとえば、おむつがはずれていない、着替えが一人でできない、食事の介助が必要。これでは担任が一人の通常の学校は日々の支援が難しいわけですね。

学力ももちろん大事です。

でも、学力より前に身辺自立といった社会性や適応能力のほうが、もっと重要だということを皆さんにお伝えしたいのです。

この潮目が大きく変わったのは二〇一三年、今から一〇年ほど前です。

それまで、「DSM4」と言われていた米国精神医学会の診断基準が、「DSM5」と新しくなりました。この「DSM5」の登場によって、今までの知能指数重視の知的障害の判定から、知的能力と適応能力の両方に課題があるのが知的障害であるとされたのです。適応能力を重視するようになってきたのですね。

ですから、皆さん、想像できますよね。

多少勉強ができなくても、毎日学校に通って掃除や給食当番ができていれば、わざわざ障害者手帳を出す必要はないのです。

多少、ひらがなや計算ができたとしても、学校に行けない、家に引きこもっている、集団で参加ができない、こうなると障害者手帳が出るケースがあるのですね。

もう一度繰り返します。

学力、知的能力も大事です。

でも、その基盤となるのは、適応能力や社会性です。

これを身につけていかないことには、その後の高校や就労に関してもつまずきが出てくるということなのですね。

「ヴァインランドⅡ」と「SM社会生活能力検査」「KIDS」の活用

では、いったい知的能力や適応能力はどう測っていくのか。

これが「ヴァインランドⅡ」「SM社会生活能力検査」「KIDS（乳幼児発達スケール）」といったアセスメントツールの活用です。

皆さんは、知的能力が「WISC」や「田中ビネー」といった知能検査で求められるというのはご存じだと思いますが、繰り返し大事だと言っている、世の中で生きて行くために必要な適応能力や社会性は、「ヴァインランドⅡ」や「ＳＭ社会生活能力検査」「ＫＩＤＳ」によって測ることができます。

「ヴァインランドⅡ」は〇歳から九二歳まで。

「ＳＭ社会生活能力検査」は中学生まで。

「ＫＩＤＳ」は六歳一一か月までの社会性や適応能力が調べられるようになっています。

まずは「ＫＩＤＳ」を使って、小学校一年生になるまでの力をしっかりと身につける療育をし、その後、「ＳＭ社会生活能力検査」で中学校卒業までに身につける力をつけさせる。すると、義務教育レベルの力が身についたことになりますね。

義務教育の力が身についたということは、世の中で生きていく最低限の力が身についたということになります。

この「ＳＭ社会生活能力検査」は全部で一二九項目あるのですが、一二九項目全部ができた子は、私の教え子で全員、一般就労ができています。義務教育の社会性が身につけば、社会で働くことができる。その証明にもなりますね。

この三つの社会性適応能力の検査は、知能検査を実施した病院の心理士（師）によってやってもらえると思います。

最寄りの精神科もしくは心療内科へ行っていただいて、これらの検査を一度受けてもらうとよいと思います（一部の児童相談所・療育センターでも可）。

ちなみに、この検査は、子ども本人がいなくても大丈夫です。

親との面接、アンケートによって結果が出せるようになっているので、ぜひ受けていただきたい検査です。

成年後見制度の活用

子どもが大人になった時には親は年老いて、いずれは子より先に寿命がやってきます。

親亡き後、子どものお金まわりや施設との交渉などは誰がしてくれるのか……。

国の制度に、成年後見制度というものがあります。

私は、成年後見制度はとても有効な制度だと思うので、活用に関しては基本的に賛成しています。

ただし、気をつけなければいけないのは、制度の利用にお金がかかることです。

家庭裁判所が選任する法定後見人の場合、多くは弁護士や司法書士など法律のプロが後見人になります。保護者が遺した財産の額によって後見人の報酬が決まりますが、一カ月あたり数万円かかるのです。

一カ月に三万円だとすると、単純に計算して一年で三六万円、一〇年で三六〇万円かかります。

お子さんは老後、何年くらい生きるでしょうか。

仮に、保護者の方が早く亡くなってしまって、四〇年にわたって法定後見人がついたとします。すると、三六〇万円の四倍ですから、一四四〇万円。

え、ちょっと待って。子どものためにと遺したお金がたとえば三〇〇〇万円だとして、その約半分が法定後見人の報酬になってしまうのですよ。

遺産が五〇〇〇万円以上になると、法定後見人への報酬はさらに大きく値上がりします。

これらの計算を事前にしっかり調べておくことが大切です。

保護者の方が頑張って貯蓄してきたのは、後見人の報酬のためですか？

そうやって考えると、この成年後見制度は頼もしくはあるのですが、予想以上に費用がかかる場合があるのですね。

成年後見制度には、任意後見制度もあります。

家族の中に後見人になってもらいたいと思える信頼できる人がいる場合、親が生きている間にその人と任意後見契約を結んでおいて、万一、親が亡くなってしまったら、その人が子どもの後見人になってくれる制度です。

一番いいのは親族に任意後見人の適任者がいることでしょう。親族や家族であれば、報酬が不要だったり、コミュニケーションが取りやすかったりなどのメリットがあります。

しかし、その反面、問題もあります。

一度に多額の遺産の管理を任されることで「親族による使い込み」が起きる可能性もないとは言えない。なので、任意後見人の場合、家庭裁判所から「任意後見監督人」というこれまた弁護士などのプロが必ずあてがわれます。当然、この監督人にも家庭裁判所が決めた報酬を毎月支払わなければなりません

任意後見監督人への報酬は、やはり遺産の額によって決まりますが、一般的には一カ月あたり数万円が目安と言われています。

いずれにせよ、それなりに結構なお金かかってしまうのですね。

法定後見人がいいのか、それとも任意後見人がいいのか。それぞれに一長一短がありますから、どちらがベストだと決めることはできませんし、制度的にもいろいろな課題がありま

す。

しかし、子どもの将来について、まだ早いと思わずに、今のうちから考えておく必要があるでしょう。

考えてもみてください。

ついこの間まで、座布団の上で小さく寝転がっていた赤ちゃんが、もう中学、高校へと進もうというのです。二〇年なんてあっと言う間に過ぎてしまいますから、「その時」になってから慌てても遅いのです。

国の成年後見制度を含め、お子さんの人生を左右しかねないリスクについては、これからも話題にしていきたいですし、皆さん自身でもぜひ、調べていただきたいと思います。

保険を使ってお金を遺す選択肢

生命保険を使ってお金を遺すという選択肢もあることを皆さん、ご存じでしょうか。

日本人の場合、遺産というと、土地・不動産や預貯金などで遺す方が多いのですが、そうなると確実に「相続」が発生するのですね。

相続人がいるなら「遺産分割協議」になることを考慮しなければなりません。全額をこの子に遺したいと言っても、法定相続分という目安がある以上、そうはいかないことが多いのです。たとえ有効な遺言書で「全額を特定の子どもへ」と指定したとしても、「相続人が遺産を最低限受け取る権利」、つまり遺留分の問題が出てきてしまう。

そこで活用できるのが、死亡保険金なのです。

生命保険というのは、契約した人（契約者）や被保険者（保険の対象者）が指定した死亡保険受取人に直接、保険金が支払われるのです。

ですから、亡くなった後、生命保険金が支払われたらすぐに現金化できます。

たとえば、ご両親の葬儀代の費用としてすぐに現金が受け取れる。それに死亡保険金には一定の非課税枠もありますから、税金も低く抑えられるように考慮されています。

「障害のある、この子に多めにお金を遺したい」というのであれば、生命保険金の受取人指定をその子にする。そうすれば、相続人による遺産分割協議の対象外になるので、その子に直接お金を渡すことができます。

たとえば、土地・不動産や預貯金は相続人で分け合う代わりに、その障害のある子を受取人にして生命保険に入っておけば、遺産分割協議の問題なしにその子に直接、一定額を遺すことができるというわけです。

ところが、ここでまた課題が一つ出てくるのです。

障害のある子に高額な生命保険金が一括で支払われても、多額のお金を本人が管理できるのかどうか。計画的に使っていくことが難しい場合が出てきます。

生命保険信託とは

そこで出てきたのが、生命保険信託です。

生命保険信託では、保護者が生きている間に信託銀行などと結ぶ「信託契約」によって、万が一、両親が亡くなった後、死亡保険金の使い道を指定できます。

つまり、障害のあるお子さん本人が多額の預金を管理することなく、たとえば「グループホームに払うお金をください」と、そのつど銀行に申請しなくても、両親が亡くなった段階で、保護者が指定した使い道に限り、自動的にお金が支払われる仕組みです。

たとえば、我が子が入るグループホームに毎月一五万円、その子の生活用口座に月々三万円ずつ入れるというように。これを生命保険会社が提携する信託会社に依頼すると、その契約通りに履行してくれます。

グループホームには毎月一五万円ずつしか入りませんから、万一、横領などのトラブルに遭ったとしても被害額が小さくて済みますよね。

また、本人のお小遣いとして月三万円入るとなれば、それ以上、お金を引き出すことができません。これはご両親が生前に結んだ信託契約ですから、この使い道の契約は、たとえ残された子どもであっても原則変更することはできません。

生命保険でお子さんに計画的にお金を遺す。そして、信託を使えば、先ほどの後見人にすべて頼らなくても安心してお子さんにお金が遺せる方法ができてきているのです。

生命保険信託は、プルデンシャル生命・プルデンシャル信託やジブラルタ生命、ソニー生命など、現在、どんどん取扱う保険会社が増えています。

一度、皆さんが契約している保険会社に「生命保険信託」の取扱いがあるかどうか、問い合わせてみてください。

巻末資料

高校へ進学した
特別支援が必要な子どもの
「保護者からの声」

支援級から通常の学級に転籍、大学進学できたA君の保護者の声

私は子どもが小学校の時、放課後等デイサービスで山内先生と出会いました。ある時、子どもが進学する予定の公立中学校に問い合わせたところ、「特別支援学級では、普通の高校に進学するために必要な通知表の1～5（内申点）がつかない」ということを聞き、ショックを受けました。急きょ、私は本人の希望を尊重しながら、通常の学級に戻る取り組みを始め、子どもは中学校からは通常の学級に戻ることができました。

その間、いろいろな問題に遭いましたが、山内先生に継続的に相談させていただくことで、学校との連携も取れ、解決していきました。そのお陰もあり、中学校卒業後は、理解のある地域の私立高校が見つかり、手厚い支援の中で卒業することができました。

そして、今春、希望の大学（福祉・社会学系）に二つも合格することができました。早期から見通しをもって、専門的な先生と継続的な相談をしながら、子育てがで

きたことがよかったと感謝しています。ありがとうございました。

特別支援学校中等部から、通信制高校へ進学したB君の保護者の声

特別支援学校の高等部を卒業しても「高卒資格がない」ことは、以前から知っていました。でも、特別支援学校の高等部を卒業しても、就労が十分ではないことは知りませんでした（地域の特別支援学校高等部に問い合わせたところ、就労できるのは半数。しかも就労できたとしても、そのほとんどが一カ月数万円程度のB型作業所）。

とはいえ、我が子に〝高校の勉強は無理〟と思っていましたが、専門職員の個別な支援があるとともに、中学校からの学び直しができる高校があると知り、通信制高校への進学を希望しました。現在は、通学型のサポート校（通信制高校）に毎日通学する中で、成績もすべて「3」以上。三年で卒業できる見通しがついたように思います。

これからは、卒業後の就労を目指して、「就労移行支援事業」と「就労定着支援事業」

について調べているところです。高校三年生になれば、体験も受け付けているということなので、親子で積極的に施設をまわり、子どもに合った場所を探していきたいと思っています。「常に三年後を見越して動くことが大切！」という山内先生のアドバイスが本当によかったです。

定時制高校から、明蓬館高等学校SNECへ転入したC君の保護者の声

療育手帳をもっているものの、そこまで大きい知的な遅れはなく、本人も「高校へ進学したい」と言うので、定員割れをしている公立の定時制高校へ進学しました。定時制を選んだのは授業料が安いことが一番の理由です。定時制高校の担任の先生方は思いのほか、我が子に一生懸命声かけをしてくださいました。

しかし、我が子の能力には限界があり、中学校の勉強ができたものとして進む数学や英語の授業は赤点。結果として、必要な単位も数単位しか取ることができませんでした。留年しても翌年、合格点をもらえる保証はありません。

ある日、通信制高校への編入を相談したところ、一年間で取得できる最大の単位

数が決まっているために、一年生からのやり直し（新たに三年間）が必要と言われました。

こんなことならば、初めから卒業単位が少なく、専門的で丁寧な支援が受けられる通信制高校にしておけばよかったと後悔しています。正直、お金、時間も無駄でした。

現在は、明蓬館高等学校ＳＮＥＣに通い、単位の取得もしっかりでき、卒業後の見通しももてています。明蓬館の先生方には感謝です。専門の先生から丁寧な個別の支援がしてもらえる環境は、我が子にピッタリです。

障害者手帳がはずれた後、高校に進学を考えたＤ君の保護者の声

軽度知的の課題がある子どもをもつ母親です。小さい時から障害者手帳（療育手帳B）を取得していましたので、小学校は、迷うことなく特別支援学級（知的）に入りました。

ところが、小学校６年生の時にＩＱが伸び、療育手帳がはずれてしまいました。

中学校に進学した時に「障害者手帳がないと支援学校高等部の入学は難しい」と言われ、頭が真っ白になりました。たまたま学校から配布された山内先生の講演会をZOOMで聴く機会があり、特別支援学級から進学できる高校があることを知りました。地域のいくつかの通信制サポート高校に問い合わせたところ、どこも中学校一年生から体験や相談を受け付けていました。いくつかの通信制高校の見学や体験入学をする中、子どもが中学二年生になると、進学先も定まり、目標を決めて進んで勉強にも取り組むことができるようになりました。

さらには、中学校の支援学級の先生、放課後等デイサービスの職員の方も協力して、子どもの学習を支援していただき、入試の面接の練習までしてくれました。

今では、毎日、楽しく通信制サポート高校に通学できています。今回の体験を通して、進路について早めに取り組むことの大切さを実感しました。

公立のインクルーシブ高校に進学しようと考えるE君の保護者の声

地域に新しく「公立のインクルーシブ高校」ができると進路説明会で聴いた時は、

どのような高校なのか全く知りませんでした。

しかし、特別支援が必要な生徒や不登校の生徒が安心して通うことができる高校と聞いて、期待をもって参加しました。

説明会では次のような特徴やメリットがある高校とのこと。

①通常の高校の中に併設して開設されるために、制服も卒業証書も同じ。違和感なく通えること。
②入学試験は「中学校からの調査書」と「面接」が中心であること。
③少人数クラスであるとともに、支援員も配置されていること。
④公立高校なので、授業料金が安いこと。そして三年で卒業できること。

高校生の生徒数が年々減少する中、特別支援を必要とする生徒が県内でも増えているようです。全国的にもこのような学校が新設されているようで、本当に素晴らしいことだと思いました。

通級のある公立高校に進学したＦ君の保護者の声

自閉症スペクトラムとＡＤＨＤの診断がある子どもをもつ母親です。小学校入学時は、特別支援学級（自閉情緒）の判定を受けましたが、本人も保護者としても通常の学級を強く希望する中、小学校入学後、通級を使うことになりました。

通常の学級に通いながら、週に一度、専門の先生にＳＳＴ※などの指導を受けるのですが、通級の先生が六年間一緒だったことで、毎年変わる通常の学級の先生と連携を取り合い、よりよい支援を継続できたことが大成功のポイントでした。仲間づくり、人との関係が苦手な息子が、大きな問題を起こすこともなく卒業することができました。

また、運よく中学校にも通級が新設されたため、迷うことなく継続して通級を利用していました。そんな中、県内の公立高校にも通級ができると説明会で聴いたのです。

迷わず、子どもをこの通級のある公立高校に進学させました。高校入学後、担任の先生からは、「高校の先生の多くは、教科の専門性は高いが、正直、特別支援教育についてはほとんど知らない先生が多く、通級の先生から具体的な支援方法を学んで日々の支援に活かしている。大変助かっている」と聞きました。

特別支援が専門の先生が少ない中で、このような制度ができたことを本当に素晴らしいと思っています。今後、この高校の通級は増えていくそうです。

※ソーシャル・スキル・トレーニング

不登校傾向のある生徒が進学できる通信制高校に進学したG君の保護者の声

中学校までは不登校でも進級ができて、卒業もできる。しかし、高校からは「出席日数」が進級への条件になることは知っていました。一カ月に一、二回しか登校ができない我が子を受け入れてもらえる高校はあるのだろうかと悩んでいたところ、ネット中心の自宅で学べる通信制高校があることを中学校の担任から聞きました。

新型コロナの流行で、学校から配布されたタブレットを使った授業には慣れていたので、抵抗なく操作もでき、本人から「この高校なら僕でも行ける」と前向きだったので、こちらの学校に入学しました。以後、大きな遅れもなく、自分に合わせた時間帯で受講できるため、無事に二年生にも進級できました。この調子で無事に高校卒業までの目途もつきそうですが、ここ最近、高校卒業後の進路が気になり始めました。「通信制の大学への進学がある」とも聞くのですが、その後、どこにも就職できないのではないかという不安に襲われています。

山内先生の講演会の中で、「三年から五年後を見すえて、今の支援を考えていく必要がある」と聴きました。本当にその通りだと思っている今日この頃です。我が子は診断名もないため、まずは受給者証を取得して「就労移行支援事業」が利用できる準備をしていきたいと考えています。

自ら動いて我が子に合った高校を見つけ出したH君の保護者の声

四〇代の母親です。私たちが中学生の頃は、中三になると三者懇談の中で、「〇

○さんは、この進学校がいいよ」や「すべり止めの高校を受験するなら□□高校かな？」「△△高校は、ちょっと難しいかな？」といった具体的なアドバイスをもらえたと記憶しています。今は違うのですね。

先生から「ご家庭で相談して決めて受験してください」と言われてしまいました。今はそういう時代なのかもしれませんが、少し寂しい気もちになりました。

我が子は通常の学級に通っていますが、成績は「1」と「2」が半分ずつ、体育のみ「3」という状態で、皆さんと同じように受験して合格する見込みがある学校はありません。でも、通院もしていませんし、診断名もありません。人前で話すことが苦手で、大変おとなしい男の子です。人に迷惑をかけたり、問題を起こしたりするわけではないので、いわば「そのまま放置された生徒」だったのです。

そして、山内先生の二冊目の著書『特別支援が必要な子どもの進路の話』との出合いが私を変えました。ネットで「○○県通信制高校」と検索しただけで、一〇校を超える魅力的な学校が出てきました。まずは、資料請求。ほとんどの学校が一週間以内に資料を送ってきました。体験会などの案内も送られてきました。「通信制高校」といってもさまざまなタイプがあり、中身も全く違います。結局、三つの通信制高校に絞って見学に行き、その中から我が子に合った高校に決めましたが、もっと早く動いていればよかったと後悔しています。

おわりに

私が通信制サポート高校の運営にかかわってから、五年目になります。

その間にも通信制サポート高校のニーズはどんどん高まり、卒業生の多くが、新たな就労や進学先へと旅立っていきました。

「山内先生だから頑張れた」「この通信制サポート高校だから卒業できた」という声をお聴きすると、この事業を始めて本当によかったと実感します。

以前、こんなエピソードがありました。

私が今から八年前、小学校五年生から放課後等デイサービスでかかわってきた直也君（仮名）の話です。彼は特別支援学級（知的）に在籍し、日々、学習支援にも取り組んできました。学校と家庭とも連携を取り、中学三年生になった時には、中学一年生程度の基礎的な学力も身につき、個別支援が受けられる通信制サポート高校に入学できるまでになりました。

しかし、中学三年生になって、特別支援学校の高等部に見学と体験に行ってから「僕は特別支援学校のほうが合っている。高校には行かない」と本人が決断しました。

当初、お母さんは「今まで、こんなに頑張ってきたのに……」と説得を試みましたが、結局、本人の希望を尊重して、特別支援学校の高等部に進学しました。

それから三年後、直也君はT社系の自動車部品会社に障害者枠の正社員として就労が決まりました。一五万円以上ある月収に加えて、もちろんボーナスも有給休暇もあります。

定年は六五歳とか。「合格の報告をしたい」と親子で私を訪ねて来た時、「山内先生、僕はやっぱり特別支援学校の高等部でよかった」と笑顔を見せてくれた時は、「その子に合った進学は、大切だなぁ」と考えさせられてしまいました。

今、特別支援が必要な子どもたちを受け入れてくれる高校がたくさんできています。

今後も、公立、私立にかかわらず、さまざまな高等学校ができてくることでしょう。

だからこそ、早期から「高校卒とは何なのか？」「我が子は何のために高等学校へ行くのか？」という目標や目的をしっかりともたなければいけない時代が来たように思います。

「高校卒ぐらいは……」とお子さんも保護者の皆さんもそのように考えがちですが、一番大切なことは、「本人に合った進路や就労」を考えていくことだと思います。

特別支援学校高等部を卒業しても、しっかり自立して就労する子もいるのです。親のエゴや見栄で決めるのではなく、本人の特性と能力、意欲や夢も大切に進路決定をしてほしいと思います。そして、「高校卒業資格がほしい」という場合は、お子さんに合った高校選びを本書を参考に行なってください。

本書を通して、お子さんの進路について、早期から考えるきっかけにしていただければ幸いです。

二〇二四年三月　明蓬館高等学校ＳＮＥＣ　グロー高等学院　学院長室にて

山内康彦

著者がお勧めする高等学校一覧

（サポート校・サテライト校・学習センターを含む）

※すべて特別支援が必要な生徒（不登校・発達障害・高校中退者等）の受け入れが可能な高校です。

北海道東北地域

北海道芸術高等学校

https://www.kyokei.ac.jp/

◆全国にサテライトキャンパス有

北海道余市郡仁木町東町5丁目4-1

電話 **0135－48－5131**

青葉高等学院（明蓬館SNEC仙台）

https://www.kibidango-group.co.jp/service/support_school

宮城県仙台市青葉区吉成1-17-10

電話 **022－725－7030**

みんなのそら高等学院（明蓬館SNEC山形・鶴岡）

https://at-mhk.com/center/yamagata-tsuruoka/

山形県鶴岡市大塚町28-40E棟

電話 **0235－33－9898**

関東・北信越地域

アットマーク国際高等学校

https://at-mhk.com/kokusai/

◆全国にサポート校・学習センター有

石川県白山市美川浜町夕5

電話 **076−265−6888**

明蓬館高等学校　学校事務局

https://at-mhk.com/

◆全国にサポート校・学習センター有

東京都品川区北品川5-12-4

電話 **03−3449−7904**

たまみずき高等学院（明蓬館SNEC埼玉・朝霞）

https://www.tamamizuki.com/highschool

埼玉県朝霞市本町1-8-2

カーサモア朝霞2階

電話 **048−423−0549**

信州KO高等学院（明蓬館SNEC信州・諏訪）

◆著者が顧問

https://ko-school.com/

長野県諏訪市大手1-16-5　2F

電話 **0266−78−3370**

東海地域

陽葵高等学院（明蓬館SNEC愛知・岡崎）

https://www.growup-kit.com/school_youki.html
愛知県岡崎市羽根町若宮24-3
（KiT株式会社本社ビル2F）
電話 **0564−47−8810**

manabu高等学院（明蓬館SNEC愛知・西尾）

https://www.manabu-nishio.com/
愛知県西尾市緑町4丁目30-2
深谷ビル4F
電話 **0563−65−0572**

鈴鹿欅高等学院（明蓬館SNEC三重・鈴鹿）

http://suzuka-keyaki.com/
三重県鈴鹿市河田町176-2 1階
電話 **059−389−5653**

織部高等学院（明蓬館SNEC岐阜・土岐）

https://oribe-toki.net/
岐阜県土岐市泉久尻618-5
ササキビルA棟3階
電話 **0572−56−1158**

ぎふ中央高等学院

（中央国際高校通信制岐阜学習センター）

https://gckg.egao-g.jp/

岐阜県岐阜市柳津町梅松1-126-1

電話 **058−201−7250**

ぎふ笑顔高等学院（明蓬館SNEC岐阜・羽島）

https://gifuegao.egao-g.jp/

岐阜県岐阜市柳津町梅松1-126-1

電話 **058−322−7800**

MIE・夢未来高等学院

（こころ未来高等学校サポート校）

https://www.kokoromirai.ed.jp/style/commuting_style4/

三重県松阪市高町215番地

電話 **0598−30−6668**

グロー高等学院（明蓬館SNEC愛知・江南）

◆著者が学院長

https://gkg.growtrace.jp/

愛知県江南市古知野町古渡306

電話 **0587−50−9612**

（◆著者が取締役を務める（株）グロートラスが経営）

春日井翔陽高等学院（明蓬館SNEC愛知・春日井）

◆著者が顧問

https://lifeterrasse.jp/school/about/

愛知県春日井市中央通1丁目70

電話 **0568−83−0887**

NEXT高等学院（中京高校通信制課程サポート校）

https://next-gakuin.net/

愛知県半田市宮本町3-217-21

電話 **0569−84−0707**

アットスクール高等学院（明蓬館SNEC・滋賀）

https://www.at-school.jp/snec/

滋賀県草津市大路1-18-28

藤井ビル2F

電話 **077−565−7337**

近畿・中国・四国・九州地域

しんあい高等学院（明蓬館SNEC大阪・玉造）

https://www.shinai-snec.jp/
大阪府大阪市東成区東小橋1-11-2 1階
電話 **06-6977-8816**

精華学園高等学校 兵庫ハシュアール校

https://www.hyougohasyr.jp/
兵庫県姫路市玉手454-7 玉手テナント
電話 **079-290-9577**

こころ未来高等学校

https://www.kokoromirai.ed.jp/
◆全国にサポート校有
長崎県長崎市愛宕3丁目19-23
電話 **095-822-7733**

広島中央高等学院（明蓬館SNEC広島）

https://hiroshima-chuoh.net/
広島県広島市中区十日市町2-9-25
電話 **082-961-3135**

あしたのつばさ高等学院

（明蓬館SNEC北九州・折尾）

https://at-mhk.com/center/kitakyushu-orio/

福岡県北九州市八幡西区医生ヶ丘6番1号

第2河島ビル2F

電話 **093−980−3917**

有田青蓮高等学院（明蓬館STEC佐賀）

https://www.dohotenjin-ns.jp

佐賀県西松浦郡有田町戸杓丙728-1

電話 **0955−35−0058**

おおぞら高等学院（屋久島おおぞら高等学校）

https://www.ktc-school.com/

◆全国にサポート校有

鹿児島県熊毛郡屋久島町平内34-2

電話 **0120−12−3796**

山内康彦（やまうち・やすひこ）

学校心理士SV（スーパーバイザー）。1968年岐阜県生まれ。岐阜大学教育学部卒業。岐阜大学大学院教育学研究科修了。岐阜大学大学院地域科学研究科修了。岐阜県の教員を20年務めた後、教育委員会で教育課長補佐となり、就学指導委員会や放課後子ども教室等を担当。その後、学校心理士とガイダンスカウンセラーの資格を取得。現在は一般社団法人障がい児成長支援協会の代表理事を務めながら、学会発表や全国での講演活動を積極的に行なっている。中部学院大学非常勤講師。株式会社グロー・トラス取締役。明蓬館高等学校 SNEC愛知・江南（グロー高等学院）学院長。元日本教育保健学会理事。2024年より学校心理士SV。著書に『「特別支援教育」って何？』『特別支援が必要な子どもの進路の話』（共にWAVE出版）などがある。

義務《ぎむ》教育《きょういく》9学年《がくねん》をすべて担任《たんにん》した学校心理士《がっこうしんりし》スーパーバイザーが語《かた》る

特別支援《とくべつしえん》が必要《ひつよう》な子《こ》どもの高等学校進学《こうとうがっこうしんがく》の話《はなし》

2024年 4月23日　第1版第1刷発行
2024年10月29日　第1版第2刷発行

著　者　山内康彦
編集協力　近藤由美
デザイン　幅雅臣
発行所　WAVE出版
〒102-0074 東京都千代田区九段南3-9-12
TEL 03-3261-3713 FAX 03-3261-3823
振替 00100-7-366376
E-mail info@wave-publishers.co.jp
http://www.wave-publishers.co.jp

印刷・製本　株式会社マツモト

NDC378 175p 19cm
ISBN978-4-86621-485-6 C0037

山内康彦の本

WAVE出版刊

『「特別支援教育」って何？』

1650円（税込み）

ISBN 978-4-86621-281-4

『改訂新版　特別支援が必要な子どもの進路の話』

1650円（税込み）

ISBN 978-4-86621-493-1

『特別支援が必要な子ども「就労」「進学」「進路」相談室』

1650円（税込み）

ISBN 978-4-86621-445-0